可复制的
领导学

U0456891

# 不一样的领导学

## 如何管，员工才会听
## 怎么带，员工才愿干

高远 / 主编

三辰影库音像电子出版社
北京

图书在版编目（CIP）数据

如何管，员工才会听；怎么带，员工才愿干 / 高远
主编 . — 北京：三辰影库音像电子出版社，2021.10
　　（不一样的领导学）
　　ISBN 978-7-83000-513-9

　　Ⅰ . ①如… Ⅱ . ①高… Ⅲ . ①企业管理—人力资源管
理 Ⅳ . ① F272.92

中国版本图书馆 CIP 数据核字 (2021) 第 062946 号

如何管，员工才会听；怎么带，员工才愿干

责任编辑：王　伟
责任校对：韩丽红
排版制作：文贤阁
出版发行：三辰影库音像电子出版社
社址邮编：北京市朝阳区东四环中路 78 号 11A03，100124
联系电话：（010）59624758
印　　刷：阳信龙跃印务有限公司
开　　本：880mm×1230mm　1/32
字　　数：454 千字
印　　张：25
版　　次：2021 年 10 月第 1 版
印　　次：2021 年 10 月第 1 次印刷
定　　价：150.00 元（全 5 册）
书　　号：ISBN 978-7-83000-513-9

版权所有 侵权必究

现代管理学之父彼得·德鲁克认为："确实有一些人天生就具备领导人的特质，但这样的情况只是少数，领导力是一种必须经过不断学习的过程。"

可见，领导力并不完全是与生俱来的，而是后天努力获得的，是一种可以掌握的、可以复制的技能。只要付出足够的努力，掌握了其中的秘诀，任何人都能拥有领导力。

你拥有领导力吗？

即使你是总裁、总经理，也不代表你就自然拥有领导力。所谓领导力，不仅在于学识、能力、品质，还在于是否具有影响别人的号召力，以及自如驾驭他人，包括比自己强的人的感召力。

追根究底，领导工作，本质是一种沟通、协调人与人之间的关系的工作，是一场错综复杂的心理博弈。一个卓越的领导者，要能透过表面看透人心，科学地识人、用人；要能深谋远虑，深谙制衡之术，收拢各种人才。真正的领导力，应该能使羊群变狼群，打败真正的狼群。

该怎样获得领导力呢？

学习，学习，还是学习。

本书是一本真正有含金量的、有参考价值的实用性领导学书籍，内容丰富，逻辑清晰，语言简洁，本书从如何带团队、如何管理小团队、如何拥有高情商领导力及如何识人、用人、管人等方面，全面分析领导力。其中，不但有精辟的理论阐释，还有经典的企业案例、历史名人案例和现实生活案例，以及实用的技巧策略，适合每一位领导者及想要成为领导者的人才。

正如彼得·德鲁克所说："并不是只有高管才是管理者，所有知识工作者，都应该像管理者一样工作和思考。"学会领导力的秘诀，掌握管理者的思考模式，将有助于职场的人际交往，有助于提高工作效率以及个人的职业规划。提升领导力，会影响越来越多的人，会让更多的人追随你，让你成为更卓越的人。

总之，个人和企业发展兴衰荣辱的绝大部分，都源自领导力！

# 目录
CONTENTS

第五章

**花样激励，让员工 "跑" 起来**

第六章

**树立愿景，让员工有奔头**

第七章
**多些人情味，让员工心甘情愿"卖命"**

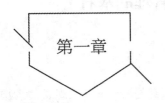

第一章

# 完善制度，让员工安心

◆ 制度是企业管理的基石

◆ 量身定做的薪酬体系

◆ 提供畅通的晋升渠道

◆ 加强绩效管理，提高企业利润

◆ "刚""弹"并举的考勤制度

◆ 注重培训，让员工成长

# 制度是企业管理的基石

俗话说："国有国法，家有家规。"大到国家，小到家庭，都需要有规矩。正所谓"没有规矩，无以成方圆"，规矩制度，是立国安家的根本，是一个民族得以代代延续的生命之火。

《汉书》记载：刘邦登基不久，对宫廷礼仪一无所知。大臣们在朝拜时总是互相争功，饮酒狂呼，甚至拔剑相向，刘邦对此十分担忧。叔孙通看到这种情况，上奏进谏，让刘邦广纳儒生，根据古时的礼仪，制定汉朝的礼仪制度。刘邦采纳了叔孙通的意见，于是叔孙通召集鲁地儒生和自己的弟子等百余人，到郊外学习礼仪。过了一个月，刘邦觉得他们的学习卓有成效，就让大臣们学习。不久，长乐宫修建完成，诸侯和大臣们在这里进行十月朝拜岁首的礼节。在朝拜过程中，御史前去执行法令，没有遵循仪式制度的一律严惩。朝会上，到处放着酒，却无人饮酒狂呼。刘邦大喜，便随口说了一句流传至今的话："吾乃今日知为皇帝之贵也。"

如果一个企业没有制度，在某一段时间内也许能混下去，甚至在某一件事情上、某一时期会成绩显著，但对企业未来的全局发展来说，必然是行不通的。一个没有制度、没有纪律的团队等于一个没有绩效、没有生产力的队伍。因此，一位优秀的管理者首先应考虑的是，如何完善制度管理模式。

同样，在团队管理中，权力制约的问题一直是让人头疼的难题。举例来说，一个团队里有7个人，他们的才能不相上下，工作上互相尊重，但人不免有自私的一面。于是他们想用非暴力的方式，即通过制定规则来分享食物。比如，他们要平均分配一锅粥，但缺少有刻度的容器或称量用具，那该怎么办呢?

大家试验了不同的方法，经过多次博弈，形成了相对完善的制度。总的来说，采用了以下几种方法。

## 1. 指定一个人负责分粥事宜

不久人们就发现，负责分粥的人碗里的粥最多。大家提议换人，但结果一样：总是负责分粥的人碗里的粥最多。由此我们可以看到：权力导致腐败，绝对的权力导致绝对的腐败。

## 2. 轮流负责分粥

大家轮流负责分粥，每人一天。这样就默认了负责分粥的人可以为自己多分粥，也给每个人提供了为自己多分粥的机会。虽然看起来平等了，但是每个人在一周中只有一天吃得饱，甚至可能会有浪费，剩下的 6 天都会面临吃不饱的状况。这就说明了：绝对的权力会引起不必要的浪费。

不过，我们可以在此制度上附加一个条件，即分粥的人要先将 7 碗粥提前分好，然后让大家依次领取，而自己排在最后领。由此，分粥的人肯定会将 7 碗粥分得一样多，因为分粥的人很清楚，如果分粥不均，最少的那份肯定是自己的。

### 3. 设立监督委员会

为了方便监督和制约，分别成立一个监督委员会和一个分粥委员会，这样基本实现了公平。可是由于监督委员会常提出多种方案，分粥委员会又据理力争，等分完粥时，粥早就凉了。

同样是 7 个人分粥，不同的分配制度，就会有不同的结果产生。所以，一个单位如果有不好的工作习气，那么要先从制度上找原因，是否做到公开、透明，是否彻底实行奖罚制度。如何制定出合理的制度，是每个领导需要考虑的问题。

没有任何一项制度是完美无缺且适合任何企业的，所以制度的制定要量体裁衣，要适合企业的实际情况。海尔的制度好不好？联想的制度好不好？但这些制度未必适合你的企业。制度是从企业内部产生的，而不是生搬硬套其他企业的成功经验。制度是有灵魂的，不是一个没有生命的物件。

人是有感情的动物，所以难免会有弱点，用人来管人一定会有缺陷，但制度能起到弥补缺陷的作用。可以说，制度是企业发展的助推器，是一个企业走向成功的有力保障，每一个管理者都应该将制度建设作为企业发展的第一要义，完善制度，免除企业发展的后顾之忧。

# 量身定做的薪酬体系

如何将员工的个人目标与企业的战略目标有机地结合在一起，让员工和企业一起成长呢？这个问题是每一个管理者都想解决的，因为只有解决了这个问题，企业才拥有在市场中立于不败之地的强大的竞争力。那么，该如何实现这一目标呢？管理者可以试着制定一套完善的薪酬体系。

完善的薪酬体系，包括科学的绩效管理方案、清晰的职业生涯规划和具有竞争力的薪酬方案三方面。三者缺一不可，只有这样，才能留住人才，壮大企业。

经过几十年的艰苦经营，华丽灯饰有限公司已经初具规模，在行业地位和市场占有率两方面都遥遥领先。但近年来，公司人才的大量流失让管理者陷入了困境。一般来说，为了保持组织活力，企业会允许一定范围内的人才流动，这对企业发展来说也是必要的。如此大量的人才流失，对一个正蓬勃发展的企业来说，无疑是致命的打击。

面对人才流失的严峻形势，华丽灯饰有限公司的管理层不再坐以待毙，开始寻找问题的症结。经过多方调查，管理层终于发现，原来是薪酬制度的不合理导致了人才的大量流失。大多数员工都对自己的工资不满意，他们认为自己的付出没有得到应有的回报。其实，一个人的劳动价值很大程度上是通过收入体现的，当一个人的收入与其劳动价值不匹配时，一定会导致其内心的不平衡，进而导致跳槽。华丽灯饰有限公司的工资分配存在严重的平均主义，这种现象严重打击了员工工作的积极性和创造性，所以稍有事业心的人根本不会长久地留在公司，肯定会寻找更广阔的发展平台，这也正是华丽灯饰有限公司人才流失的重要原因。

找到原因后，华丽灯饰有限公司第一时间进行了内部改革，通过量身定做薪酬体系，把公司目标和个人目标联系在一起，让员工能利用公司这个平台施展自己的才能，让企业和员工共同进步。在风云变幻的市场竞争中，华丽灯饰有限公司无疑是抢占了先机。

那么到底应该如何去建立系统的薪酬体系呢？

众所周知，只有通过一定高度的战略性理念来指导和控制，才能建立一个完善的管理体系。所以，薪酬管理体系也需要前瞻性的理念来指导。例如，公司薪酬体系如何定位：是根据岗位对公司的重要性，员工的资质水平、业绩水平和贡献程度付薪，还是根据市场行情付薪？或者综合考虑多个因素？各个因素的重要性又如何考量？

公司的战略目标决定了公司的战略性理念，战略性理念是公司战略规划的外在表现。市场学有一套完善的攻守战略模型，即公司根据不同市场、不同区域、不同客户等来决定公司的营销战略方向：何时、何地，依据不同的客户采用防御性或进攻性的营销方法占领新的市场，同时巩固原来的市场。在薪酬体系中表现出来的是，根据防御性或进攻性的态势选择跟随、落后或领先的方法来吸引、保留、激励人才。华丽灯饰有限公司发展了几十年，已经在市场上站稳脚跟，有相对稳定的客户群。公司要想快速开拓新市场，人力和金钱的投入是难以避免的，此时薪酬体系应该抛弃跟随市场的策略，采用领先的战略来广纳贤才和激励人才。

随着社会的进步，职业发展已经成为员工在选择公司时最先考虑的问题。即使公司有完善的薪酬体系，而不考虑员工的职业发展，仍旧无法留住员工，也无法培养出一个有战斗力的团队。

通常来说，员工的晋升有两个途径，一是纵向晋升，二是横向晋升。在任何一个企业中，每一个员工具备的能力都是不同的，公司每个岗位的职责也不同，要求的条件也不一样，只有员工的能力和岗位需求高度匹配，才能做到人尽其才，既达到员工自我实现的目的，又有助于企业的稳定发展。

总之，为了避免人才流失，管理者必须完善原有的薪酬制度。首先，提高薪酬水平。薪酬是企业吸引员工的主要方式，包括薪酬和各种企业福利，只有薪酬和福利到位了，员工才能踏实地工作，才能不因薪资少而被迫离职。其次，优化其他条件。随着时代的发展，薪酬已经不再是吸引员工的唯一要素，特别是高薪人才，他们在择业时，会更多地考虑企业的工作环境是否良好、工作安排是否合理、岗位是否有助于自己的职业发展，以及自己能否在工作中得到同事认同和领导赏识等这些非传统的福利。因此，作为管理者，一定要多方面考量，制定体现企业特色的薪酬制度。

# 提供畅通的晋升渠道

晋升激励就像火炬一样，比其他激励燃烧得更猛烈、照耀得更通透，几乎所有成功的管理者和激励专家，都认为晋升激励的效果是最明显的。

晋升对基层员工和企业管理者有同等程度的激励作用。虽然企业管理者为鼓励员工做好职业规划付出了很多精力，但他们自己也因此迈上了一个新的台阶，取得了新的进步。也就是说，管理者帮助员工得到发展的同时，自己也会有所发展。

企业管理者应尽可能提供多方面的晋升渠道，让员工明确自己的职业发展方向，这样员工的积极性就调动起来了，就会忠诚于企业，并自觉寻找提高工作效率的方法。

麦当劳的晋升制度很值得借鉴，其激励员工的效果十分显著。例如，一个刚参加工作的年轻人，一年半后，便能升到分店经理的位置；两年之后，就能被任命为监督管理员。而且每个员工都有晋升机会，既不设典型的职业模式，也不做特殊规定。每个人都能做自己命运的主人。几乎所有能力强、适应快的员工都能得到快速晋升，当然，前提是你能在短时间内掌握各阶段的技术要领。这样的晋升制度不仅节约了职位成本，而且为企业培养了更多的管理人才。

在麦当劳，管理者会对员工进行阶段性测试。员工要想顺利通过阶段性测试就必须掌握相应的阶段性技能。实行这一制度不仅淘汰了那些滥竽充数的员工，而且为管理者提拔人才提供了有效的依据。

麦当劳畅通的晋升渠道和公平竞争的机制吸引了不少年轻人，但晋升之路也没想象的那么平坦，下面来看一下麦当劳的晋升过程。

无论你是谁，也无论你多有才华，在开始阶段，你都要放下身段，从实习助理做起。先做一个普通员工，目的就是为了让新进员工在各基层岗位上得到锻炼，从而获得管理经验，以便能胜任新的工作岗位。

接下来，公司会挑选有能力的人做二级助理，二级助理就需要担负一定的工作责任了。作为二级助理，你要充分发挥出你的管理才能，做好各种组织工作的协调，协助经理处理好门店的各项工作。

二级助理做满一年后，工作出色就会晋升为经理的左右手——一级助理。在这个阶段，你将承担更多、更重要的责任。为此，你需要不断提高自己的管理能力，直到有能力独立管理一家门店。

只要能通过一级助理工作的考核，经理的位置就非你莫属了。当然，你的晋升之路并不会就此止步，更广阔的舞台还在等着你。当你的管理经验越来越丰富，能力越来越出众时，你就有机会成为监督管理员，全面负责多家门店的管理工作。

之后，你还有机会从监督管理员荣升为区域顾问。到那时，你将成为麦当劳公司的代表人。你将代表总公司，向各分公司传达各种指令；你将作为"救星"，指点各分公司工作，如提供建议、开展培训等，带领各分公司创造佳绩。只要你表现优异，你就能登上更高的舞台；只要你有能力，你就能得到重用。

麦当劳公司实行的人才晋升机制，让很多有才能的人得到了发展的舞台，这些人也为公司带来了良好的收益。更令人注目的是，这种制度为社会培养了一批又一批的管理人才，也为全球企业提供了一种独特的管理模式。

虽然麦当劳的成功之路很难复制，但其管理经验值得借鉴。制定符合自身发展的一套晋升制度，以此打造企业永恒的生命力，这才是企业长久发展之道。

# 加强绩效管理，提高企业利润

　　海尔集团的管理者曾说过这样一句话："坚持每天提高1%，70天工作水平就可以提升一倍。"这不仅仅是一句口号，海尔已经用成绩完美验证了它的正确性。海尔能落实这一理念，是因为海尔有着独具特色的绩效管理模式。

　　绩效管理一般分为4步——计划、实施/检查/辅导、考核和反馈，这个过程通常都是阶段性的，但海尔将其限定在一天之内。海尔的员工可以清楚地了解到自己当天的业绩，并算出自己一天的工资。这样一来，他们就能及时认识到自己的不足，主管会针对不足给予指导，帮助员工改进。

　　在这种模式下，每天提高1%是很容易的。海尔的绩效管理模式吸引了许多企业的效仿，少数企业只学习到了理念，便大张旗鼓地向员工灌输，其实，并没有学到落实理念的方法，因此自然得不到想要的结果。

　　管理者都清楚，提高1%并不是什么难事，难的是每天都提高1%。要想每天都提高，唯有靠制度来约束，因为仅凭员工的自觉性是难以维持的。这才是制度的厉害之处，也是海尔可以做到让员工每天提高1%，而其他企业仿效不来的原因。

人都有惰性和贪性，制度恰好能起到很好的约束作用。有一位著名的投资专家在分享他担任基金经理的经验时说："如果你炒过股就会知道，在股市行情大好的时候，几乎没有人能抵挡住自己的贪性。这同样适用于基金经理，他们被贪性牢牢地牵住了，于是，基金公司出台了一系列的规章制度，用以约束这些基金经理。这就是基金市场占有率比散户高的一个重要原因。"

企业的创立都是以盈利为目的的，而绩效管理能够让一个企业回归它的本质。企业管理者不仅自己要明确经营目标，还需要让每个员工都知晓这个目标，让所有人都为了这一共同目标而努力。绩效管理要达到的目的就是，通过制度把经营目标固定下来，反复激励让员工产生积极性，最终形成稳定的企业文化。

企业在发展过程中都不是一帆风顺的，会遭遇发展的瓶颈期，这个时期就像漫长的寒冬，冷得让人失去斗志，人们都渴望见到暖阳。作为一个管理者，不仅要储存好"过冬的食物"，解决员工的温饱问题，还要安抚员工的心理，鼓舞他们的士气。引导员工做好本职工作，发挥团队中每个人的主观能动性，激发员工迎难而上的进取心，对一个企业来说，也许是成本最低的"过冬食物"。

在世界范围内，通用、戴尔、微软等企业一直十分受股民欢迎，这些企业都有一个显著特征——股东回报率高。举例来说，戴尔的股东回报率可以达到74%，而世界500强企业的平均股东回报率只有16.5%，差距如此之大，不禁令人咂舌。统计数据表明，业绩回报与绩效管理呈正相关关系。假如把世界500强的平均股东回报率16.5%作为基准，当一个企业的绩效管理比其他企业强，股东回报率就会比16.5%高；当一个企业的绩效管理比其他企业弱，股东回报率就会比16.5%低。由此可见，加强绩效管理是企业更好、更快发展的前提。

许多企业打出"追求效益最大化"的口号，真的最大化了吗？答案是否定的。很多企业忽视了员工的效益从而无法做到效益最大化。仔细梳理一下，问题便浮现出来：企业完成今年的目标了吗？员工对企业的目标有深入的了解吗？员工全身心投入工作的时间有多少？员工平均每天浪费了多少时间？每个员工都有自己的目标吗……很多答案都不能让人满意。

企业的目标和员工的工作业绩紧密结合是绩效管理的最终目的，让每个员工清楚地知道自己的工作目标，并明白多劳者多得，不劳者不得。通过合理的绩效考核，充分发挥员工的主观能动性。如果绩效考核只有惩罚而没有奖励，员工肯定会丧失信心、工作敷衍、对公司管理产生不满，这样就会造成负激励，让员工丧失积极性。因此，管理者要更多地采用激励型的绩效考核，要始终牢记，绩效管理的目的是帮助员工提高工作热情，提升工作效率，而不是为了处罚！

# "刚" "弹" 并举的考勤制度

每个企业都有考勤制度，考勤制度的实施有助于提高员工的工作效率，使员工在工作时更加投入。

考勤制度为公司给员工派发工资提供了一个重要的参考依据，管理者可以从侧面了解员工的工作时长和工作效率。

好的考勤制度是兼具刚性和弹性的，因此，在实施考勤制度的过程中，切忌生搬硬套，而是要形成考勤制度的差异化，这有利于进一步提高公司的生产力，减少不良现象的产生。

另外，考勤制度的实施对改进工作作风、严明工作纪律也起着良好的推动作用。每个公司都应该从实际出发，勇于实践，大胆创新，积极发现工作中的新问题，新情况，制定并完善相应的考勤制度。

有一家公司规定：如果员工上班时间应到而未到且没有向公司请假则视为迟到，就算你差一分钟没赶上上班时间，也视为迟到，会被罚款。这个规定势必会引起员工的不满，从一个人抱怨，到两个人抱怨，渐渐抱怨会充斥整个公司，使工作效率降低。

表面上，公司贯彻执行了考勤制度，并没有错，但引发了员工的负面情绪，让员工对工作有了抵触情绪，这就得不偿失了。

管理者都深知情绪管理的必要性，更知道对不合适的考勤制度就要及时进行改进的道理。那么，该怎样改进考勤制度呢？其中重要的一点就是，要形成考勤制度的差异化，这样既能使员工的工作热情不被挫伤，又能保证制度实施得不偏不倚。

员工之所以迟到，原因可能是人为因素，也可能是非人为因素，不能主观定论。所以，管理者应该让考勤制度适当灵活一些，给员工营造一个轻松的工作氛围。例如，可以规定：每个月允许每位员工迟到 10 分钟，即只要当月累计迟到时间在 10 分钟以内，就不算迟到，若超过 10 分钟则算迟到。超过以后，以 5 分钟为一个时间段，不足或满 5 分钟计为迟到一次，按规定罚款。

同时，还可以增设部门全勤奖，开展部门与部门间的评比活动。每月评选一次，如有特殊情况，也可以每个季度评选一次。每次，在所有部门中评选出一个表现优异的部门，标准是该部门在一个月内或一个季度内没有出现员工旷工、早退等情况，并且迟到率最低。对表现优异的部门，公司给予表扬和一定的物质奖励。此奖的设置，可以利用部门之间的竞争来提高员工的上班积极性，降低迟到率，进而使工作效率得到提高。

有一定灵活性的考勤制度，不仅能降低迟到率，还能提高员工的满意度，缓解员工在遇到突发状况时的紧张情绪，进而提高员工的工作积极性。而部门全勤奖的设立，能提高员工的集体荣誉感，同时使部门之间互相监督，共同进步。奖金的设立，可以使部门进行更多的联谊、团建活动，加强部门内部的沟通，使工作氛围更加和谐，从而提高部门生产力。

总之，合适的考勤制度会促进公司的发展，反之，则会阻碍公司的发展。考勤制度要形成差异化的前提是：对考勤制度进行细化、量化，具体问题具体分析，具体情况具体对待，同时又要体现出人文关怀，使管理人性化。

# 注重培训，让员工成长

　　培训员工是指为了适应企业的发展、提高员工的能力，企业采用恰当的方法对员工进行有目的、有计划的培养和训练的一项管理活动。由于企业在不断发展，员工不更新知识技能，就会影响工作的开展，所以企业需要制定规范化的员工培训制度来提升员工的工作能力。由于岗位职责不同，培训的重点、内容也应不同。此外，对一个岗位来说，我们不但要对员工进行专业技能的培训，还要给予其他方面的培训，让员工全面发展。

　　若想做好一份工作，单靠专业技能还远远不够，还需要员工具备其他方面的素养，如创新意识、开拓意识等。员工只有全面发展，才能在岗位上游刃有余，满足企业发展的需要。

　　百胜餐饮集团是世界知名的大型的餐饮集团，它旗下的品牌之一肯德基经营得非常成功。肯德基的员工都能感受到自己的能力比刚入职时有很大的提升，这是因为肯德基很重视对员工的培训。

目前，肯德基已在中国拥有大量的餐厅管理人员，为了对这些人员进行培训，肯德基开设了很多培训课程。员工在接受专业技能培训的同时，还要接受创新意识、文化素养和心理分析等方面的培训，这使得员工的个人素养得到很大的提升。

一名见习助理到岗后，公司首先要对其进行最基础的培训，如工作流程培训，与顾客的沟通培训，人际关系培训，等等。随着职位的升高，公司会按照岗位的需求，不断对员工进行培训。

在肯德基，从见习助理升任经理这一路，要接受的培训不胜枚举，员工不但要学习入门的分区管理手册，还要接受个人素养的提升培训、管理技能的培训等。肯德基就是这样不间断、分层次地对员工进行培训，使员工各方面的技能循序渐进地提升，从而促进企业的发展。

对员工进行全方位的培训是肯德基成功的一个重要保障，可以说，培训使员工获得了成功，而员工的成功促进了企业的成功。提高员工各方面的素养是身为领导者的职责，只有员工的素养得到了全面提升，工作的质量才能提高。

专业能力、心理素质、人际关系处理能力、沟通技巧……这些都是一个出色的员工应该具备的素养，如果一个员工能具备这些素养，那么还有什么事能难倒他呢？当然，不是所有员工都有积极学习的心态，有人会认为，有些工作只要具备这些素养中的一两项就可以完成，所以根本没有必要费尽力气去学习全部课程。我们要明白，如果一个人只满足于机械地工作，那么他是不会有发展空间的。我们需要考虑自己的职业发展，企业也需要为我们提供发展的空间。例如，一个操作工要想胜任其岗位，只要学会操作技术就可以了，但随着经验的积累，他会一步步得到晋升，倘若他升到了车间主管的位置，此时他就需要具备一定的管理知识和沟通能力，这时再对其进行培训显然有些晚了。

所以，无论是对员工还是对企业来说，制定规范的员工培训制度都是必要的，而且要致力于多方面的培训，全面提高员工的素养。

具体来看，培训可以参考以下方法。

### 1. 课堂讲授法

课堂讲授法由于其操作简单、针对性强，所以常被用在学校教育上。同样，企业内部也可以使用这种方法对员工进行培训。由于这种方法是培训师传授知识，而员工被动接受知识，所以培训师水平的高低决定着培训结果的好坏。客观来看，这种方法形式比较单一，无法满足多样化的要求，所以需要根据情况灵活运用。

### 2. 程序化教授法

这是一种系统的培训方法，通过计算机或教科书传授知识技能。这种方法首先陈述事实或提出问题，要求被培训者做出相应的回答，然后及时给予其回馈。这种教授法可以节约大量时间，同时弥补了课堂讲授法的"单向灌输"的不足，具有较好的效果。这种程序化教授法也有自己的缺点，就是制作软件和教学手册会耗费巨大的人力和物力。

### 3. 模拟培训法

这种培训方法侧重敏捷反应和操作技能。它需要拟建一个与现实工作环境相似的场景，让被培训者感觉自己真的在工作岗位上，然后设置一些实际工作中可能出现的问题，让被培训者想办法去解决它们。这样，被培训者在真正工作时就有了经验，能够更快地适应工作。模拟培训法的优点是可以提高学习效率、降低危险性和减少培训开支。这种方法也存在缺点，比如适用范围狭窄、拟建的工作场景投入大。被培训者要想胜任实际工作还需要在真实岗位上训练，就像毕业生毕业之前要进行实习一样。

### 4. 工作轮换法

工作轮换法是让员工进行工作岗位的互换，这种方法可以考察被培训者的优点和缺点，以及从事多种工作的能力，让被培训者能够认清自我，找到适合自己的岗位。

第二章

# 以身作则，让员工服气

- ◆ 打造领导者的内在品质
- ◆ 优秀的领导者，不会为情绪所左右
- ◆ 弹性管理，"威""谦"并施
- ◆ 以身作则最具说服力
- ◆ 主动出击，化解矛盾

# 打造领导者的内在品质

真正的领导者，应该具有影响别人的智慧，有激励别人和他一起奋斗的人格魅力。领导力即号召力，真正的领导者，必然能吸引周围的人协助他，朝着他的理想、目标前进，必然能把成功的力量传递给他的追随者，同心协力，共创辉煌。

领导力首先是一个人的个性和洞察力——这是一个领导者最核心的东西。领导者应该是员工的领路人，并且始终如一地走在最前面。他们对自己有严格的标准，也喜欢用严格的标准来衡量他人。优秀的领导者就是能不断成长、发展、学习的人。为了持续提升自己的技能、挖掘自己的潜力、拓宽自己的眼界，他们愿意付出不懈的努力，通过努力变成受人敬仰的人。

那些不受人敬仰的人想要成为领导者，要比具有优秀的个人素养的人难得多，因为作为领导者，只有人品出众，才能受人拥戴。但单靠优秀的个人素养并不能成为领导者，除此之外，还要有过硬的领导才能，其中就包括良好的人际沟通能力。领导者只有学会与员工沟通，才能走进员工内心，与员工打成一片，进而调动员工的工作积极性。总之，人格品质、沟通能力等，都是成为一个领导者的基本条件。

领导者之所以能成为领导者，靠的并不是他们的空想，而是强烈的主观愿望及不懈的努力，是辛勤、俭朴、奋斗和卓越的进取意识。正因为他们付出了超乎常人的努力，才在这个竞争激烈的时代中脱颖而出，成为受人敬仰的领导者。

成为领导者后，依旧要保持领导者的良好品质，勤俭节约、虚怀若谷、坚韧不拔，以及不懈的进取心，唯有如此，领导者的位置才能坐得更久，坐得更稳。众所周知，位置越高，权力越大，受到的诱惑就越多，想要保持一身正气，就要抵制住金钱、美色的诱惑，就要将攀比、享乐等习性扼杀在萌芽之中，如此，事业才能蒸蒸日上。

洛克菲勒是世界石油大王，他无论是外出谈生意还是出门旅游，常常会因为酒店房间的价格与服务员争论，最终选定最便宜的房间住进去，服务员都感到很奇怪。有一次，一个服务员问他："亲爱的洛克菲勒先生，您的孩子们每次来我们这里可都是选择最舒适、最昂贵的房间，您为什么要选择最便宜的房间呢？""这一点儿也不奇怪，他们之所以能够这样做，是因为他们有个有钱的爸爸，而我的爸爸是个普通人。"洛克菲勒淡定地说。

曾经，有一个国家的总统，是由一名普通士兵逐级升上去的。虽然贵为总统，但是他经常独自一人在街上漫步，有时会一时兴起，去拜访一个普通人家，这些人又惊又喜，热情地邀请总统与自己及家人共进餐食，虽然食物简单，但大家吃得很开心。

上述两个故事告诉我们，无论拥有怎样的财富和地位，我们都应该保持一颗平常心，坚守最朴素的品质。当今社会上有些人在地位提升后，就觉得高人一等，从衣食住行到交际，都想要做出改变，以匹配自己的身份。但事实上，这种改变不一定能让人对你高看一眼，因为真正的敬仰，根本不在于地位和财势，而在于内在的品质。

那么，一个领导者，该怎样去提升自己的内在品质呢？下面几个方式可以供领导者借鉴。

### 1. 阅读

你可以广泛涉猎，如阅读报纸、杂志、文学著作等，从中汲取一些于己有利的东西。而且最重要的是，你能在读书的过程中实现对心性的培养。

### 2. 思考

要保持思考的习惯，思考能使你看上去更睿智，更成熟，可以提高你的认知，让你在工作和做决策时更加理性。

### 3. 审视自己

每过一段时间，就要认真地审视自己，总结自己的表现。经常审视自己，不仅能发现不足，获得精进，还能增强你的自信心。

030 ◄ 如何管，员工才会听；怎么带，员工才愿干

# 优秀的领导者，不会为情绪左右

何为涵养？其实就是一种深厚的自身修养。

有修养的人都善于调节自己的情绪，不会被糟糕的情绪左右。缺乏修养的人，往往容易被情绪左右。在日常生活中，总会遇到让人崩溃的时刻，此时，即使我们大声怒吼也无济于事，这样反而会给身边人带来苦恼。冷静一些，将不良情绪赶走，这样更能展现你的气度而使人安定。

一个优秀的领导者，应该是有涵养的人。领导者只有能够很好地控制自己的情绪，才能成功地领导一个团队。自我调控能力是指能在利害得失面前保持镇定，在出现突发情况时从容不迫，在员工面前不怒于色。身为团队的向导，领导者要始终保持心情平和、情绪稳定。唯有如此，当困难来临时，团队成员才有信心携手共进。

著名的体育教练伍顿，在他的执教生涯中从来没有对自己的队员讲过重话，无论比分是领先还是落后，他都没有欢呼雀跃或气急败坏。在他的带领下，队员们始终以平和的心态对待

比赛，在关键时刻也能稳定发挥。

加利福尼亚大学洛杉矶分校代表队队员弗瑞德·斯劳特曾荣获三届美国篮球冠军。在一次比赛中，他以 2∶18 的比分落后于对手，败局已定，几乎没有翻盘的可能。他不由得看向教练伍顿，教练脸色平静，不急不躁，跟队员比分领先时的表情毫无二致。看到教练的反应，他安慰自己说："教练都那么淡定，我还怕什么？就听从教练的安排好了。"结果除了这一次失败，之后他再也没有输过。

伍顿教练的从容不迫是队员能够稳定发挥的重要原因。所以，只有领导者管控好自己的情绪，团队才能取得成功。一位情绪不稳定的领导者，不仅会误导他的团队成员，还会降低团队成员对他的信任度。糟糕的情绪会严重影响领导者的判断力，使其做出错误决策，从而损害成员和组织的利益。优秀的领导者都知道控制自我、保持情绪稳定的重要性，并会身先士卒，潜移默化地影响团队成员，使成员在困难面前保持镇定，团结一心，共渡难关。

工作中会遇到各种各样的问题，有时候，解决问题的关键不是采用何种手段，而是保持良好的情绪，而情绪失控有时会让我们措手不及。因此，领导者要竭尽全力控制好它，因为这是你带好团队的前提条件。

保持乐观的情绪，不仅有利于领导者工作的开展，还能感染员工的情绪，让员工也变得积极向上，从而以更加饱满的热情投入工作。假如领导者的情绪总是不稳定，将很大程度地降低工作效率，也会打击员工的工作积极性。所以，身为一个领导者，你的情绪已不再是你的私人物品，你的情绪波动会对你的员工产生很大的影响，而且这种影响会随着你职位的升高而越来越大。领导者不能放纵自己的情绪，当然，当你处在私人空间的时候可以适当地宣泄情绪，但面对员工时，就要始终保持稳重的形象。这件事说起来容易，做起来并不容易。

著名文学家屠格涅夫说过："最好在发言之前把舌头在嘴里转上几圈。"时间是治愈一切的良药，所以时间对缓解情绪同样有着良好的作用。在怒火发作之前，提醒自己要三思而行，想办法让自己冷静下来，如到空旷的地方大喊或听一些舒缓的音乐，必须将压抑的怒火合理释放，以免影响工作。

工作中，我们只有保持乐观的心态，才能不被情绪所控制，始终保持头脑清醒。要知道，对职场人士来说，尤其是领导者，理智是做好工作的关键，它关乎整个团队的决策和运作，所以不容忽视。

# 弹性管理，"威""谦"并施

要想管理好一个企业，领导者的权威必不可少，但领导者还要有谦和的态度，只有二者有机结合，相辅相成，领导者才能在处理人际关系时游刃有余，带好一个团队。

杰克·韦尔奇是通用电气公司的董事长，作为一位成功的企业家，杰克·韦尔奇的身上自然带有一种不容置疑的威严，足以威慑员工，但在威严之中，也带有一份谦和，让人感觉亲切。

通用电气公司在进行改革的时候，杰克·韦尔奇将所有拒绝变革的人都毫不留情地请出了公司，同样，对不接受企业文化的人也如法炮制。那一刻，作为通用电气公司的董事长，公司最高的决策者，他正确运用了自己的权威，坚持改革之路，不做任何妥协。

杰克·韦尔奇在企业实施末位淘汰法时，对那些不能达到要求的员工，他瞬间就放下了董事长的威严。他会亲自写便条与员工进行交流，措辞自然而亲切；除了以写便条的方式与员工进行交流，他还采用如聚会或突然视察等方式与员工进行沟通。就这样，他用谦和的态度鼓励和鞭策着员工，使员工感受到了领导者的独特关怀。

其实，像杰克·韦尔奇这样的领导者还有很多，他们身上都兼具威严和谦逊，让员工敬佩。

有一位领导，他的员工对他又爱又敬。他做事情，在严格遵循原则的前提下也善于变通，正因为如此，员工与他一直保持着非常融洽的关系。

每当做出重要决策或传达企业内重大指令的时候，他总是权威地指定实施这个决策的负责人；当某个员工在工作上存在重大过失时，他总是毫不留情地批评犯错误的员工；但事后，他会约谈那位犯错误的员工，说明批评他的原因，有时还会为自己的不当措辞给员工道歉，尽力安抚员工的情绪。他不能容忍员工迟到，但他也会在下雨天亲自开车送员工回家；他绝不允许员工因为家庭琐事而导致工作失误，但只要员工有实际困难，他都会慷慨解囊。

就是在这样一位领导的带领下，团队不断地发展壮大。工作时，员工都积极投入；下班后，员工又把他当作朋友，和他嬉笑打闹。他一直与员工保持着一种既有距离又亲切的关系。

企业有大有小，优秀的领导者却并无二致，都懂得管理之道，都善于运用权威但又不专权跋扈，都明白与员工保持亲切感的重要性，但又不会像朋友那样无话不说。他们找到了与员工相处的最好状态，能游刃有余地处理自己与员工的关系。

总之，领导者要有威严，也不能少了谦和，如何把权威和谦和巧妙地合二为一，是领导者需要思考的，也是领导工作不可回避的一个重要问题。

# 以身作则最具说服力

身为企业的领导者，要做一个合格的领路人，需要身先士卒，把责任扛在肩上。常常听到有人抱怨："我的主管只管发号施令，却从不与我们一起行动""我的主管经常出了问题就找'替罪羊'"。像这样的主管，不能树立一个好榜样，也无法带领组织快速发展。

领导者需用行动告诉所有的团队成员，大家一起按照已制定的方案去实施，如果出现问题，他会勇敢地承担责任。做到这样，才能取得团队成员的信任。

领导者只有以身作则，员工才会信服你。要求员工做到的自己首先要做到，禁止别人违反的制度自己绝不违反，让员工时刻监督你。如果要全面贯彻执行企业的规章制度，领导者就应该以身作则。

1946年，松下电器公司面临极大的困境。为了渡过难关，松下幸之助要求全体员工振作精神，严格执行考勤制度，坚决不允许迟到现象的发生，尽量不请病假、事假。

　　然而有一次，松下幸之助迟到了 10 分钟。松下幸之助迟到有些客观原因。他通常是坐公司的汽车来上班。那一天，他早早地就到了车站，在那里等待公司汽车的到来，但是等了好久，车还是没有来。看时间差不多了，他只好乘上电车；刚上电车，就看见汽车来了，便又从电车上下来换乘汽车。如此便耽搁了时间，到公司后发现，整整晚了 10 分钟！追查下去才知道，是司机班的管理松懈，司机睡过了头，晚到了 10 分钟。

　　根据公司制度，迟到要给予处罚。松下幸之助觉得此事非同小可，必须妥善处理。于是他以不忠于职守的理由，给司机以降薪的处分。其直接主管、间接主管，也因监督不力受到处罚。这次事件一共有 8 个人受到了处罚。

　　松下幸之助认为对此事负最终责任的，还是作为最高领导的社长——他自己。于是他扣掉了自己一个月的薪水，这在公司是最重的处罚。只是晚到了 10 分钟，松下幸之助就对 8 个人实施了处罚，对自己也不例外，此事深刻地教育了松下电器公司的员工，在日本企业界也引起了很大震动。

　　正人先正己，需要员工遵守的制度，领导者自己要先遵守。只有领导者自己做到了，才能要求别人去做。领导自己犯了错，主动处罚自己，这样做的积极意义比制定什么样的规定都要好。

身为领导者，一定不可以游离于制度之外，凭一己之见做事。规章制度制约所有人，就算董事长也不例外。领导者千万不要认为自己不受制度约束，制度只是制约员工的。恰恰相反，一切制度的有效推行都离不开领导者的身体力行。

土光敏夫是一个受人尊敬的企业家，于1965年出任东芝电器公司的董事长。当时的东芝虽人才济济，但由于团队人员过多，业务繁杂，加上管理不当，员工懈怠，所以公司业绩不断下滑。

土光敏夫上任后，立即提出了"一般员工要比以前多用3倍的脑，董事则要多10倍，我本人则更有过之而无不及"的口号，准备让东芝东山再起。

土光敏夫以身作则，每天提早半小时上班，并腾出早上1小时的时间，与员工座谈，一起探讨公司面临的困难。

土光敏夫为了杜绝浪费，还借一次参观的机会，给东芝的董事上了一课。一次，东芝的一位董事想去参观一艘豪华邮轮，因为土光敏夫之前去过几次，所以事先说好由他带路。那一天是假日，他们约好10点钟在某车站会合。土光敏夫按照约定准时到达，但那位董事很久才到，而且是乘公司的专车来的。

董事说："社长先生，抱歉让您久等了，我看我们就搭您的车前往参观吧！"那位董事当时以为土光敏夫坐的也是公司的专车。

土光敏夫面无表情地说："我并没有乘公司的轿车，我们去搭电车吧！"那位董事无比惊讶，惭愧地想找个地缝钻进去。

土光敏夫为了杜绝浪费，乃以身作则搭电车，给那位董事上了一课。这件事很快在公司上下传播开来，全体员工马上自查自纠，没有敢再铺张浪费的。因为土光敏夫对自己严格要求，从点点滴滴的节约做起，加上员工的共同努力，东芝的业绩终于有所提升。

孔子说："其身正，不令而行；其身不正，虽令不从。"行为作用的效果比语言作用的效果更加显著，领导者的力量，很多往往不是由语言，而是由行为动作体现出来的。在一个团队里，领导者是众人关注的对象，一举一动都在众人的监督之下，只有以身作则，管理才能得心应手。

# 主动出击，化解矛盾

领导者经常会遇到这样的情况——工作中和员工产生矛盾。之所以出现此类情况，是因为领导和员工对工作有着不同的期望和标准，以及对工作处理的角度不同。简单来说，员工更注重过程，而领导者更关注结果。

领导者的主要工作是安排员工的工作，并使他们顺利实现自己的工作目标。为此，领导者先要妥善处理自己和员工的矛盾，那么具体该如何做呢？

## 1. 弄清矛盾的症结

一个公司会存在很多矛盾和冲突，有的是正面冲突：员工埋怨领导不切合实际，只知道胡乱指挥；更多时候是一种消极怠工现象：员工工作进展迟缓，对工作没有责任感，毫无上进心。隐藏在这些表象之后的才是问题的症结，即领导者和员工对工作的方式有着不同的见解。

找到矛盾的症结，是解决矛盾的第一步。一个员工经常无故离岗，于是你告诉他，如果再有下次，将无法获得年终奖。

可能他之后就规规矩矩地守在自己的岗位上，但问题解决了吗？没有，只是暂时被掩盖了起来。这个员工经常离岗，可能是因为他对目前的工作失去了兴趣，认为其他部门的工作更有利于自己的发展，因此，才去偷偷学习。

领导者觉得工作进展太慢了，产量怎么只有这么多，利润怎么这么少，而员工觉得自己太疲惫了，天天都要做那么多工作。如果领导者此时要求员工加大工作量，就会很容易产生矛盾。这是由于双方看问题的角度不同，领导者是从产量和利润的角度来看的，而没有考虑每个工人承担的工作量。

### 2. 寻求方法，化解矛盾

要使工作顺利进行下去，妥善解决矛盾是必须的。每一种矛盾都有不同的解决方式，要综合考虑员工和公司的具体情况，量体裁衣，制定出合适的解决方案。

领导者认为产量低，员工认为工作量大，在这种情况下，要增加产量可以有以下几种方法：扩招新员工；用绩效考核的方式，确定员工的薪资水平，让员工积极主动地去工作；在技术上，更新设备或改用能提高劳动生产率的生产方法。综合考虑人员、资金、技术等多方面的限制因素，从中选择最佳方案。

### 3. 预测结果

选择可能带来最好结果的冲突解决方案，但这也有一定的风险性。万一不能化解矛盾，领导要针对可能出现的结果提前制定出相应的解决方案，到时才不会手忙脚乱，不知如何应对。

领导者与员工发生矛盾，必须及时得到解决，以免日积月累，演变成复杂的局面，那样更难解决。只有解决了矛盾，公司才能有一个好的工作氛围，员工才能更好地工作。

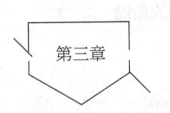

第三章

# 耐心沟通，让员工表达

- ◆ 沟通是管理的精髓
- ◆ 为沟通做好准备
- ◆ 寻找最佳的沟通渠道
- ◆ 做一个耐心的倾听者
- ◆ 跨越代沟，了解90后和00后

# 沟通是管理的精髓

管理学家巴纳德说："管理者的最基本功能是发展与维系一个畅通的沟通管道。"的确，沟通是我们了解对方需求、达到自我目的的一个必要工具。如果没有良好的沟通会怎么样呢？对企业领导者来说，沟通不畅，工作的开展就会受到严重阻碍，这样势必影响企业的运营和发展，其危害是巨大的。

在管理过程中，领导与员工的沟通必不可少。领导的第一职责就是发现团队或者员工工作上的问题并及时解决，而解决问题最简单、最有效的方式之一就是与员工进行充分的沟通。良好的沟通可以拉进领导与员工之间的关系，从而使复杂的问题在互相理解的基础上得以顺利解决。

当然，沟通也有相应的方法与技巧。领导者熟知并掌握有效的沟通技巧，就具备了管理工作的核心能力。有了这样的能力，领导者在团队中就有了影响力和号召力，处理工作会更得心应手。

在当代企业家中，吴士宏可以称得上是极富传奇色彩经历和极具人格魅力的优秀代表。她与大多数人一样，学历平平，也没有家庭背景，但她曾先后在 IBM、微软、TCL 几个大型公司担任重要领导职位。她的成功不仅得益于其优秀的管理能力，还因为其出众的交际沟通能力。

吴士宏入职微软时，给员工们的致辞是这样的："各位，第一次见面，我不多讲，因为我以后会有很多机会讲和听大家讲。我本来准备的致辞是谦虚的外交辞令，临时决定最好从开始就把真实的我介绍给大家。我接受微软中国公司总经理的职位是为了一个理想，那就是想把微软中国做成中国微软。我和在座的大多数人一样，是土生土长的中国人，我更希望能有更多的本地员工更快地成长起来。"她接着谦虚地说道："我前面 12 年多的经验都是 IBM 的，我在微软的经验比在座任何一位都少。我会努力学习做一个真正的微软人，努力做一个合格的总经理。我需要大家的帮助，我不打算'带自己人来'，想和大家一起做这番事业，拜托各位！"

话音未落，台下立刻响起雷鸣般的掌声。吴士宏的这段致辞之所以能达到如此好的效果，是因为她感情真挚，引起了人们的共鸣。

良好的沟通能力不仅是人与人之间顺畅交流的保证，也是给工作加分的秘诀。人生离不开沟通，一个人能否成功在很大程度上是由这个人的沟通能力决定的。平时注意了解和练习沟通技巧，学习有效的沟通方法，长期运用会发现更多的人生惊喜。

团队的员工来自五湖四海，大家性格各异，如何与员工进行有效沟通是领导者面临的挑战之一。纵观古今，凡是才能出众、业绩卓越的领导者，都十分注重自己与员工的沟通细节，通过沟通细节完成团队内部或部门之间的整体沟通。团队做到高效沟通，可使复杂问题简单化，而个人之间的细节沟通，可以帮助领导和员工解决日常累积的小问题，从而达到付出最低的成本来团结员工、调动各部门积极性的目的。

世界性连锁企业沃尔玛公司总裁萨姆·沃尔顿也说过："如果你必须将沃尔玛的管理体制浓缩成一种思想，那可能就是沟通。因为，它是我们成功的真正关键之一。"

只有沟通才能达成共识，而想要实现有效沟通就需要让所有员工都了解公司的现状。沃尔玛就是这样做的，通过信息共享、责任分担，最终实现了与员工的的沟通交流。

沃尔玛公司总部设在美国的阿肯色州本顿维尔市，公司的行政管理人员每星期都要抽出时间飞往各地的连锁商店，向其通报总公司的近期业务情况，让每一位员工都知晓总公司的业务指标。不仅如此，在任何一个沃尔玛商店里，都定时公布该店的利润、进货、销售和减价的情况，不仅各级管理者能了解这些信息，而且每位员工、计时工和兼职雇员也能了解，以此鼓励员工争取更好的业绩。

沃尔玛公司的股东大会是全美最大的股东大会，每次股东大会公司都尽可能让更多的商店经理和员工参加，让他们了解更多的公司发展情况。在股东大会结束后，公司总裁萨姆·沃尔顿还会邀请所有出席会议的人员聚餐，其间，他会与员工畅聊，讨论公司的现在和未来。此外，为保持整个组织信息渠道的通畅，沃尔玛的各级工作团队还会有意识地收集员工的想法和意见，让每个员工都有机会表达自己的想法。

萨姆·沃尔顿认为，让员工了解公司业务进展情况，共享公司信息，是与员工进行沟通的最佳途径，可以增加员工对公司的信任感与责任感，激励员工做好本职工作。而沃尔玛也正是借用共享信息和分担责任，适应了员工的沟通与交流需求，让员工意识到自己的工作在公司的重要性，获得工作的成就感。

对领导者来说，与下属进行有效沟通是工作中至关重要的一环，沟通是否顺利对员工的责任感和工作热情，以及公司的经济效益都有着直接影响。领导者只有与员工保持高效的沟通，才能深入了解员工的想法，并及时处理上下级之间存在的问题，从而增强团队凝聚力；领导者之间的良好沟通，可以使下属对团队内部问题和团队所面临的形势更加了解，有助于员工理解领导者的难处，从而促进团队成员上下同心，使大家团结一致，共同努力。

管理过程学派创始人亨利·法约尔曾直言："沟通决定了管理。"对领导者来说，管理工作的精髓就是领导与员工之间的有效沟通。当你掌握了沟通技巧并可以运用自如，那么管理工作也就成功了一半。

# 为沟通做好准备

沟通的有效手段之一就是谈话。对领导来说，和员工谈话是职场的必要工作之一，是与员工进行沟通的行为活动。其目的非常明确，一般分为了解情况、布置传达、处理问题和批评教育四种。领导发起谈话主要是想对员工的心理、行为或工作产生影响，这是管理企业必不可少的一项工作。那么，如何才能做好这项工作呢？以下几点可供参考。

## 1. 做好谈话准备

为了"对症下药"，使谈话顺利进行，与员工沟通前，领导要有充分的准备。首先，自己要明确谈话的主题，并列出具体的要表达或想要获取的信息。其次，安排好时间和地点。将时间安排妥当有助于领导把握谈话进度，在哪里谈话则直接影响沟通氛围。最后，邀请员工时要注意语言表达。邀约会影响员工的心理，如果员工对约谈的内容不了解或感到惧怕，那他必然无法放松地交谈，这会影响沟通质量，使谈话效果大打折扣。

### 2. 充分了解沟通对象

与员工谈话之前，领导要充分了解谈话对象的性格、背景、工作能力等各个方面的情况。同时，领导还要预先设想对方可能会做出的反应，要多从员工的角度着想，在此基础上把握谈话内容，营造轻松的谈话氛围。

### 3. 在谈话中把握好友善程度

在上下级之间的谈话中，领导的友善可以缓解员工的紧张情绪，拉近二者的关系。领导表示出适度的友善，会产生奇妙的效果。比如，在批评教育型谈话中，员工可能会处于防御状态。如果领导在合适的时候能跟他聊一下家常、开个玩笑，或者用其他一些合适的方式来表达友善，就可能使他放下抵触心理，从而使谈话顺利进行，达到预期目的。当然，这并不是说领导可以无节制地表达友善，如果超过一定程度，失去分寸，批评也就没有意义了。所以，领导要根据谈话的内容和类型展现不同程度的友善，事先明确谈话的原则和目的，才能把谈话的分寸掌握得恰到好处，以防本末倒置，因小失大。

### 4. 营造良好的谈话气氛

除了选择合适的地点外，谈话还要注意这个空间里有没有对谈话有影响的人或物品。

领导在谈话中尽量不要使用录音、录像设备，若需使用，要事先向对方说明。如有其他人在场，也要提前告知员工，并对此清楚地进行说明。如果沟通内容有隐秘性，要选择在没人打扰的地方进行。此外，还应当尽可能使谈话不受干扰，可以选择手机静音等方法。良好的沟通氛围有助于谈话的顺利完成。

### 5. 掌握发问的艺术

与员工交谈时，领导的提问语言和方式极为重要，它直接影响着谈话质量，也影响谈话目标的达成情况。那么如何有效地发问呢？第一，问题应当清楚简短，让员工一听就明白在问什么。第二，对提出的问题尽量不赘述，不然员工会觉得你太过啰嗦并且产生自己的智商被低估的感觉，导致心情不愉快。第三，所用措辞与问题性质应当匹配，直接性发问应使用明确的措辞，试探性发问则使用委婉的措辞。第四，提问要紧紧围绕核心内容，不然既浪费时间，又无法达到预定目标。第五，避免进行诱导性暗示。第六，不要在短时间内提出大量问题，否则员工会手忙脚乱，不知先回答哪个，说出的话也没有条理。高超的发问艺术有助于谈话的顺利完成。

### 6. 学会引导员工

谈话是双方的互动，作为领导，在谈话中一定要学会引导员工，要让员工有表达的机会，不要只顾着表达自己的看法，

图一时痛快，这样做并不能达到沟通的目的。

### 7. 处理好敏感话题

交谈过程中有些提问内容会比较敏感，导致谈话对象感到不舒服，对谈话质量产生影响，使谈话目标无法达成。领导对此要灵活处置，如避免谈及个人私事，注意不要在言语上中伤员工。作为领导，要表现自己的风度和素质，不说脏话，避免沟通陷入尴尬的境地。在陷入僵局时，果断采取措施打破僵局，或暂时中止谈话，等双方情绪缓和后，再继续友好地谈话，如此才可以使谈话顺利进行，达到自己的目的。

沟通与协调是管理工作的真正核心。我们常说"蛇无头不行"，管理者所担当的正是这个"头"的角色，而其职责恰恰就是沟通与协调。没有顺畅的沟通，团队就会成为一盘散沙，反之，良好的沟通，能打造最强凝聚力的团队，能让一个团队走得更远。

# 寻找最佳的沟通渠道

在日常工作中，畅通的沟通渠道是团队内部上下级或平级之间进行交流的基础，从前文中我们已经了解到，对领导而言，管理企业最重要的工作之一就是与员工进行有效沟通。要想有良好的沟通效果，企业内部就要有畅通的沟通渠道，即领导与员工、员工与员工之间的沟通桥梁，沟通是否顺利主要取决于沟通桥梁是否畅通。因此，领导要想与员工进行有效沟通，就要想办法搭好沟通的桥梁，并注意维护，让其持续发挥作用。

商界传奇人物、通用电气公司的董事长杰克·韦尔奇让通用公司一跃成为业界领袖级企业，他的成功离不开他建立的良好的沟通渠道。

杰克·韦尔奇的一个重要沟通渠道就是通用公司每年都会举行的庆祝会，这个庆祝会是专门为本年度业绩出色的员工举办的，杰克·韦尔奇会利用这个机会和总公司的各管理层，包括部门经理、主管以及其他管理人员进行沟通。庆祝会上，等受到表彰的员工们分享了自己的工作经验之后，杰克·韦尔奇会和他们交流看法，讨论工作，因为庆祝会不是很正式的活动，所以每个人都比较放松和愉快，交谈时也更自由。在每次庆祝会的尾声，杰克·韦尔奇都会针对公司现状来说明来年可能遇到的问题和相关的应对策略，同时这段讲话会被翻译成不同的语言，以视频的形式发送至全世界各分公司，然后分公司的管理者会根据这段视频对杰克·韦尔奇提出的问题加以探讨。

虽然通用电气公司是个大型公司，但在日常工作中，杰克·韦尔奇很少采用信件、邮件等间接的信息传递方式与员工沟通，他更喜欢用个人便条、电话等交流渠道或者直接与员工面对面沟通。

杰克·韦尔奇每个星期都会留出时间去了解基层员工的工作情况，每次他都是随机抽选几个部门，然后去其工作区或者厂房进行现场访问，在这个过程中他会和不同级别、不同岗位的员工亲切交谈，了解他们的工作情况及遇到的问题。访问结束之后，杰克·韦尔奇还会邀请小部门的经理共进午餐，这样不仅拉近了他与这些经理的关系，还为听取他们对公司的想法和建议提供了条件，一举两得。

杰克·韦尔奇不仅注重与基层员工的交流，也注重与高层管理者的沟通。每个季度他都会召开例会，将所有的高级管理人员聚在一起，组织大家交流工作情况，分享成功经验，总结教训。会议结束之后，杰克·韦尔奇会把重要的会议记录打印出来分发到这些管理者手中，让大家共享。

通过上述案例我们可以看出：杰克·韦尔奇建立的良好的沟通渠道对他的成功及通用电气公司的发展起到了至关重要的作用。

一般来讲，沟通包括正式沟通和非正式沟通两种。正式的沟通主要指公司或团队组织召开的部门会议、交流活动、讨论会等正式的信息传递与交流的方式。这种沟通通常比较严肃，也更有约束力和权威性，但是形式比较死板，氛围有压迫性，这些特点容易导致沟通很难达到预期效果。非正式沟通相对来说就比较随意，氛围也更轻松，不拘于条条框框。在上述案例中，杰克·韦尔奇使用的大多是非正式的沟通方式，比如和小部门的经理们共进午餐、与公司基层员工交流工作等。这样的沟通氛围轻松，能够让他与员工之间保持紧密联系，从而使他可以随时了解员工的看法和观点。

通常来说，领导与员工进行沟通时，最好采用非正式的沟通方式。虽然这样的方式可能会对沟通效果产生一定的影响，比如领导会收到一些员工道听途说的消息，这些消息会干扰领导的判断和决策，但是只要领导保持清醒的头脑，以统揽全局的思维去分辨这些信息，就可以排除虚假信息的干扰和影响。

在沟通中，领导最需要警惕的一点就是判断在沟通中获得的信息的真实性，如果信息失真，那么根据此信息制订的规划就会偏离实际。领导想要得到真实的信息，就要广开言路。想让员工发声，就要为其搭建一座传达声音的桥梁。以下是一些具体的方法。

### 1. 不定期询问基层员工

杰克·韦尔奇与员工沟通时采用的留便条、打电话或者面对面交谈这样的方式使他获得了大量真实有效的信息，这是他做出正确决策的重要基础。因此，想要获得有价值的信息，不必拘泥于传统方式。领导可以根据自己的安排，不定期询问基层员工，在平时视察工作或者参与调研的时候，领导就可以以聊天的形式与员工们进行交谈，了解他们的工作情况以及对某些问题的看法。

### 2. 设立"沟通信箱"

公司内部可以设立"沟通信箱"，即公司全体员工可以以电子邮件的形式向领导表达想法，这样，员工只要有问题需要与领导沟通，就可以写邮件"投递"。这样不仅为那些性格内向、不善言辞但很有工作想法的员工提供了自由表达的机会，还可以了解到一些员工想说却不敢当面说的问题，加深对基层工作的了解。

### 3. 与部门负责人沟通

领导要定期与部门负责人面对面地沟通，不定期询问工作情况、参加部门会议，及时了解各个部门的工作情况和遇到的问题，以及各部门的负责人的工作规划等信息。

### 4. 沟通制度化

对于一些正式沟通，领导可以对其进行制度化和规范化的巩固落实。比如，对定期沟通的时间、地点及沟通方式等做明确规定。同时设立内部信息共享平台，让每个员工都能从中借鉴成功的方法，汲取失败的教训。

日本的管理之神松下幸之助说："管理以前是沟通，现在是沟通，将来还是沟通。"员工的性格不是管理者能够决定的，但是作为企业管理者，不能因为员工不善于交谈的性格而放弃沟通。企业管理者必须拿出应有的耐心，主动去和不善于交谈的员工沟通，应想方设法建立和员工的沟通渠道，让公司上下形成良好的沟通氛围。

# 做一个耐心的倾听者

善于倾听对管理工作至关重要。如果员工能感受到与自己谈话的是一个善于倾听的朋友而不是下命令的领导，他们就会放松下来，表达内心的真实想法。这样，领导与员工就能开诚布公地沟通并将问题解决，而不是互相隐瞒、推卸责任。

大家通常会把"倾听"与"听见"画等号，这种观点是有偏差的。一般来说，"听见"往往听过就忘了，只能吸收很少的谈话内容，不会放在心上；"倾听"则是认真地听取，接收到的信息量要比"听见"大得多，甚至能感受到说话者所隐藏的内心情绪。领导若是无法做到"倾听"就容易漏掉重要信息，不仅浪费时间，还可能产生误解，甚至因没有及时发现问题而造成严重的后果。

苏格拉底说："上帝赐予我们两只耳朵，却只给我们一张嘴，用意甚佳，就是让我们多听少说。"成功的企业家都非常善于倾听，无论什么时候，对待谁，都能耐心地倾听，很少指责或命令别人。管理学家 L·威尔德在业界拥有巨大的影响力和威信，这并非得益于他的谈吐，而是得益于他的善解人意，他会耐心地倾听别人的表达。"没有倾听便没有沟通"，这是威尔德一直贯彻执行的交际法则。这句话的意思是，一定要学会倾听员工的心声。

有一位领导，因严谨的管理风格而在业界颇负盛名，但他的严格并不是喋喋不休地指责，相反，无论与谁交谈，他都会耐心倾听，等对方说完之后再表达自己的看法。一次，这位领导与一位主管在办公室商谈事情，一名员工突然闯入并大嚷："我不明白你到底想让我们做什么！"由于员工的突然闯入和质问，这位主管恼羞成怒，当下就要处分员工，这位领导制止了主管，说："让他说完。"之后，这位领导亲自调查了员工反映的问题，最终知道了事情的来龙去脉，确定是主管失职，于是毫不犹豫地将主管撤职了。

如上述案例所讲，与员工沟通时，威尔德十分反感管理者以领导自居，因为这样员工是很难真正敞开心扉的，更不会表达自己的真实想法。没有哪位领导想听假话，与员工沟通就是为了听到真实的想法。因此，明智的领导根本不会以高高在上的姿态与员工交谈，更不会一直自说自话，让员工听，而是保持适当的沉默，扮演听众的角色，让员工畅所欲言，坦露心声。

为了帮助领导更好地倾听员工的心声，下面列举了一些关于倾听的技巧，供参考。

### 1. 不要急于提出建议

在倾听员工的想法时，领导要避免在员工说完之前发表自己的看法。插嘴，不仅是非常不礼貌的行为，更会影响下属的情绪。如果有感到诧异或不理解的地方，可以在员工说完后，根据情况提出问题，让员工解答你的疑惑或验证你的理解是否正确。

一般来说，在倾听时，如果领导肯自己思考而不是急于提出建议，谈话就成功了一半。如果领导一直不停地打断对方，提出不必要的建议，会给员工留下指手画脚的印象，使谈话的目标难以达成。

### 2. 控制情绪

我们与他人交谈时，自己的情绪会受到交谈对象与谈话内容的影响。由于每个人的表达方式不尽相同，我们与一些人谈话可能会很享受，而与另一些人谈话可能就会觉得不舒服。为了使倾听有效果，领导必须控制好自己的情绪，保证自己能心平气和地与每位员工交谈。

### 3. 营造利于倾听的环境

想要耐心地倾听，就要营造良好的环境。首先，保持安静。与员工交谈时，我们应尽量减少外界声音的干扰，可以选择一间隔音效果好的房间，然后将手机静音。其次，与员工保持恰当的谈话距离。提前安排好座位，不要与员工隔得很远。有时候，物理距离近了，心也会近一些。

### 4. 给予尊重

在谈话的过程中，领导的角色不是领导而是听众。如果你以命令或质疑的语气回应员工，就会让气氛变得紧张，影响员工表达。尊重对方能让员工更加信任你，愿意与你交谈。

倾听员工说话，是和员工进行沟通的基础。能否倾听他人心声，也是衡量一个领导者沟通能力的标志。善于倾听，在无形中起到了肯定员工的作用，而且能在一定程度上缩短领导和员工之间的距离，得到员工们的尊敬和爱戴。所以，作为领导者，也应该学着做一个出色的倾听者。

# 跨越代沟，了解 90 后和 00 后

代沟是客观存在的。凡事都有两面性，代沟亦是如此：从长远来看，代沟推动了人类社会的发展，促使大家做出改变；从短期来看，代沟容易引起不同年代的人之间的冲突。

一些 70 后、80 后及更早的年代的人不看好 90 后、00 后，因为这些年轻人看上去非常自我，又标新立异，有着与前几辈人完全不同的价值观，很多时候也不在乎外人对他们的看法。想要与他们友好相处，不能用老一套的打压方式，应该充分尊重他们，与他们平等交流。

有这样一个案例：一家公司最近招收了一位 90 后员工小天。某日，领导让小天准备一份报告。由于小天缺少经验，这位领导就特意抽出时间耐心地给他讲了报告的撰写步骤和注意事项等相关内容，并告诉他下周一提交。

周一那天，这位领导刚到办公室，小天就兴奋地冲进来递交了报告。"我查了好多资料，周六日也没休息。"小天边说边坐到沙发上。领导看完报告之后，十分生气，因为小天的报告

无论是步骤还是内容都没有按照领导告诉他的那样写。

领导怒斥小天："我怎么跟你说的，我特意抽出时间给你讲，你听了吗？把我的话当耳旁风啊？我不管你得出的结论如何，只要不是按我的要求来，那它就是垃圾，毫无意义！"

小天争辩无果，摔门而去，没几天就离职了。

其实这样的事情并不是个例。为什么很多领导都对管理90后、00后头疼呢？是他们太自我、不听指挥，还是领导根本没有找到管理他们的方法呢？管理的前提是了解，了解需要多沟通。要多听90后、00后的想法，不要以领导或长辈的权威压制他们，如果耐心地和他们讲道理，也许效果会截然不同。对于上述案例中的情况，如果换一种处理方式，结果会怎么样呢？

看到小天没有按规定的方式写，领导就坐下来先询问一下原因。小天必然会给出解释："我一开始是那样写的，不过后来我发现，如果照原来的方式写，客户会记不住，陈述得也不清楚。所以我咨询了一下在其他公司的同学，借鉴了他们的方法来写这份报告。"

领导听后自然会明白，小天并不是故意不听指挥。当然，对于小天的问题，领导可以委婉地提一些建议："小天，你入职以来表现得确实不错，但也有一些不足需要改进。首先，要有最基本的礼貌和规矩，比如，进门时要先敲门，在领导办公室不要擅自坐下。其次，今后再遇到这种情况时，先与我沟通，不要先斩后奏。最后，希望你能明白，要想将工作做好，需要坚持不懈地积累，如果在接下来的一年内你能掌握公司的业务，我会为你骄傲！"

小天听后，一定能虚心接受领导的建议，改正自己的行为。

在管理90后、00后员工时，领导首先要放下架子，与他们多沟通。也就是说，领导要明白，70后、80后确实有不如90后、00后的地方。事实上，在很多方面，90后、00后已经具有了话语权，比如自媒体领域。所以，作为领导，管理员工尤其是90后、00后员工时，千万不能倚老卖老，可以向他们传授经验，但也要注意倾听他们的想法；要了解和适应90后、00后的沟通方式，如果不做出改变的话，企业很难有长足的发展。

第四章

# 批评有招，让员工长心

- ◆ 批评员工，怎样才能不刺耳
- ◆ 间接地提醒胜似直接地批评
- ◆ 给犯错的员工一个机会
- ◆ 先夸后批，效果更佳
- ◆ 与犯错的员工耐心沟通

# 批评员工，怎样才能不刺耳

在工作中，领导免不了要通过批评的方式来教导员工，但批评也需要讲究方式方法。有的领导的批评就很中听，员工即使心里难过，可还是会感谢领导的善意。有的领导则根本不顾及员工的内心感受，经常对员工劈头盖脸训斥一番，使员工满腹委屈。

"小周，你来一下！"主任的语气让小周惊慌失措，他不知道自己哪里犯了错，只好硬着头皮走进主任办公室。

"这段时间你肯定没有好好工作，因为你的业绩严重下滑！你看看小郑，才来了三个月，销售业绩就飙到第一名了。你再不努力，销售冠军就永远拿不回来了！"小周还没开口，就被领导一顿臭骂。

"主任，我可以解释，我有我的难处。"小周本想趁此机会向领导汇报一下他所在的市场的发展状况。

"行了，有什么可解释的。看你接下来的表现，如果以后销售额还没有提高，就要扣除你部分年终奖。好了，你先出去吧。"主任不耐烦地摆手示意欲言又止的小周出去。

出来之后，一想到主任的数落，小周就觉得委屈，越想越生气。自己从公司成立就进来工作，到现在一直风雨无阻、任劳任怨地开发新客户、巩固老客户，拓展了很多市场。而且，这么多年几乎没有与客户发生过矛盾，每年都因业绩突出受到表彰。这段时间，主任把他派到刚开发的新市场，客户数量不多，但与初期相比正在稳步扩充。再加上这次总部没有及时处理订单，刚开发的客户很多因为发货时间太长就不再购买了，因此，销售业绩自然无法与成熟市场相比。而小郑一开始就被安排到成熟市场，客户源稳定充足，客户关系网紧密，业绩自然高。小周认为主任只注重结果而不考虑客观条件，对自己有很大的误解，心里感到十分委屈。

在上述案例中，这位主任以上级的身份不分青红皂白地对小周进行了严厉批评，态度严厉，根本不顾及小周的感受，更不容小周分辩。试问这种生硬、武断的批评方式，怎能不伤员工的心呢，又怎能留住有用之人呢？

聪明的领导都知道批评要有分寸，要从语言上下功夫，让批评不再刺耳。那么如何做到这一点呢？以下是几点建议：

## 1. 单独批评

最基本的批评原则就是"不当着其他人的面批评下属"。

如果下属犯了错，要把他单独叫出来进行指正。这会直接表现出领导对下属的宽容和尊重，使他感受到领导的用心，会达到事半功倍的效果。

### 2. 讲明批评的原因

领导批评员工时必须有合理的理由，要让员工清楚因为什么事情、什么原因被批评。不过，员工有时可能将自己犯错的主要原因归咎于外界，认为不是自己的问题。如果下属这样表达，领导不要直接否定员工，要帮助他们认真分析，让员工清楚地知道问题的成因。领导要明白：批评不是目的，让员工改正错误才是批评的初衷。

### 3. 批评要善意

倘若领导批评时话中带刺，很有可能引起自己与员工之间的矛盾。即使是批评，也应该带着善意，要让员工明白你的初衷是帮助他成长。你可以这样说："可能你也不明白什么地方出了错。""这件事情你也尽力而为了，尽管结果不尽如人意。"这样的话语通常可以让员工平复情绪，放下戒心。没有人想造成失误，尤其是当员工已经很自责时，他们更加需要别人在心理上的支持。因此，这样的话语会比直接批评更有效："也许你现在特别自责，但事情已经发生了，我们现在需要做的是解决问题，抽空我们一起探讨一下，好吗？"

强势的批评只会使情况更加恶劣，甚至激起员工的愤怒，使其被愤怒冲昏头脑而做出过激行为。批评时避免说这样的话："我都跟你说过多少遍了？你为什么总犯同样的错误呢？""我看你已经无药可救了！"

### 4. 批评要公正

批评员工之前，领导要了解事件的全部过程。为了确保信息无误，可以让员工本人再描述一遍，并让他谈谈个人的看法。有时，你通过与员工的谈话可以发现一些你以前没注意的细节。没有搞清楚一些关键细节，就不能妄下论断，以免误会员工。

另外，如果有好几位员工都与出错的工作有关，领导要对他们一视同仁，绝不能只批评其中一位或只原谅其中一位。如果处理得不公平，不能做到一碗水端平就会引起其他员工的不满和反抗，甚至使员工对领导失去信任。

### 5. 批评要及时

出现问题时，领导要及时处理，不要拖延或者堆积，如果没有及时指出员工的过错，等到事情过后再进行批评，员工就会想："我一直都是这样做的，怎么过去你就没有批评我呢？"这容易让员工胡思乱想，对领导心生嫌隙，影响员工的工作。

### 6. 批评要因人而异

领导还要注意，要根据不同员工的不同特点有的放矢地进行批评。比如，对于性格莽撞的员工，就不要严厉地批评他，要平和、耐心地与他沟通；如果员工性情随和，领导则可以顺其性格，循循善诱。领导的讲话方式要随员工的性格而变化。对于善良、不自信的员工，暖心的安慰比批评更有效果，因为他们本身已经非常自责了；对于很爱面子的员工，可以委婉地指出他的问题，找准时机让他自己承认错误；对那些明明知道错误却不肯承认的员工，也不必揪着不放，应该重点关注他的行动。

### 7. 批评要简洁

批评员工时最好一语中的，点到为止。精辟简洁的措辞可以直中要害，使员工在短时间里获得较多的信息，幡然醒悟。如果拖泥带水、东拉西扯，会让员工不得要领，结果本末倒置，使有目的的批评变成无厘头的说教。

另外，表达看法或对员工进行指正时，不要喋喋不休，使对方没有时间和机会来思考你说的话，这样不但让员工生厌，还会让员工觉得领导不尊重自己。也不要因为一些无足轻重的问题对员工纠缠不休，唠唠叨叨，没完没了。批评时可以这样说："事情既然发生了，就要吃一堑长一智，在今后的工作中要避免再犯类似的错误。"

## 8. 只批评一件事

批评员工时，领导要围绕一个核心问题展开，不要连珠炮似的，这样只会让员工产生逆反心理，结果就是口服而心不服。有时，领导为了让自己的批评更加有理有据，会将员工以前的失误拿出来一起批评，这种方式非常容易伤害员工的自尊，不仅达不到目的，还会弄巧成拙。

批评他人，本来就是一件非常难办的事情，但这是领导的分内之事，是每个领导都不能回避的一项工作。因此，领导要掌握多样的批评话术，学会给批评穿上"糖衣"，让员工都能平和地接受。

# 间接地提醒胜似直接地批评

一位领导去工厂视察工作，在厂区休息时，他无意中看到几名工人在禁烟区抽烟，而在他们旁边就竖着一个牌子，上面写着"禁止吸烟"。这位领导没有指着那块牌子责问"你们不知道这里禁止吸烟吗？看不到牌子吗？"而是走到工人身边，掏出自己的烟给他们每人发了一根，对他们说："诸位，如果你们能到外面去抽这支烟，那我真是感激不尽。"工人们立刻觉得无地自容，意识到自己违反了规章制度。这位领导没有责骂他们，而是反其道而行之，这让工人们更加羞愧。

有一位商场经理在管理中也巧妙地利用了员工的羞耻心理。他经常去门店视察工作，有一次他发现一位顾客来了很久，一直默默地自己看商品，在这期间没有一个员工过来提供服务。那些售货员呢？他们挤在柜台的另一头又说又笑。这位领导没有急着责备他们，而是亲自为顾客服务，顾客选定商品后，他才把员工叫来，为顾客结了账，并包装了商品。整个过程中，这位经理没有批评员工一句，顾客离开后，他也离开了。员工在他走后，都觉得羞愧，于是不再闲聊，都回到了各自的岗位上。

通过上面两个例子我们可以发现，巧妙的暗示所带来的效果远远强过当面指责，当面指责只会让员工产生强烈的逆反情绪，很难达到百分百的警醒作用。

批评作为一种评价方式，一定会对人的心理造成一定的压力。这种心理压力的大与小，与批评的直接程度和批评措辞的激烈程度直接相关，也就是说，批评的方式越直接，措辞越犀利，给被批评者造成的心理压力就越重。

从心理学角度来看，因为生长环境的不同，人的心理承受能力也截然不同，所以同样的批评对不同的人来说效果也完全不同。如果是性格开朗、心理承受能力强的人，那么直截了当的批评也许不会对其造成太大的心理压力，会使他坦然接受并吸取教训。但如果是性格内向、心理承受能力弱的人，那么直截了当的批评就会对其造成很大的心理压力，严重者可能会一蹶不振，自暴自弃。如果是自尊心特别强的人，那么直截了当的批评只会令其心生不快，产生抵触心理。所以，领导者要根据员工的心理特点，采取相应的批评方法。具体来看，领导者可以采取渐进批评法、参照批评法和暗示批评法。

所谓渐进批评法，就是要求领导者逐步地传递批评信息，有层次地进行批评的方法。具体来说，领导者在批评员工时，不要一下子指出员工的所有错误，要耐心地、有步骤地指出错误，由浅入深，根据员工的接受情况，循序渐进地提出一个又一个问题。这样做可以给员工心理缓冲的时间，让其一点点接受批评，而不至于因心理压力过重而产生抵触情绪。

所谓参照批评法，就是领导者针对员工的错误，借助其他员工的经验教训来引出批评的内容，促使员工认识到自己的错误，自我反省，改正错误。这种方法通常适用于虚荣心强或自我觉悟高、一点就通的员工。

所谓暗示批评法，就是指领导者在公开场合对员工进行批评时，为不使被批评者感到难堪，维护其自尊心，而采取的一种委婉式批评法。这种情况下一般不会直接点出被批评者的名字，而只说明事情，就事情展开批评，这样既能使被批评者受到教育，也能使其他员工得到一定的警示。暗示批评法是在公众场合进行批评的一种好方法，相比直接批评，这种批评法能让被批评者的思想压力小一些，而且不容易使其产生抵触情绪。

总之，与表扬艺术相比，领导者更要注意批评的艺术。面对工作中员工的错误，该责备的时候还是要责备，但是要讲究一定的方法和技巧，这样才会收到良好的效果。

# 给犯错的员工一个机会

俗话说："人非圣贤，孰能无过。"员工因为一时大意在工作中出现了纰漏，身为领导，对此要宽容。领导如果死死揪住这个小错误不放，甚至觉得员工犯了错就是不堪重用，那就错了。这样不仅无法使员工改正自己的错误，还可能引起员工的怨恨。因此，领导要做的是：充分信任犯错的员工，正常布置工作，不对员工之前犯的错耿耿于怀。对犯错的员工，要耐心教育，从宽处理，不要让他们灰心丧气，丧失工作积极性。

"知错能改，善莫大焉。"一家著名企业的用人理念就与这句话不谋而合。这个公司的销售经理曾经在工作中造成一次严重失误，使公司的利益遭受了很大损失。之后这位销售经理非常害怕，认为自己必定会挨一顿骂然后被解雇。出乎意料的是，董事长并没有责骂或者开除他，只是和他一起探讨了出现问题的原因，并让他继续担任销售经理。

听到董事长的决定，这位销售经理非常疑惑："您为什么不开除我反而让我继续任职重要岗位呢？"董事长笑了笑，说道："培训你我用了 100 万美元。如今，你已经'学有所成'，有了价值 100 万美元的经验，这可不是人人都能拥有的。如果我将你开除，那才是白白浪费了这些钱。"听完之后，这位经理颇为感动，他认真分析了自己的失误，总结了教训，后来做出了非常出色的成绩。

允许员工在工作中犯错，对公司、领导、员工都有着极其重要的意义。这样做，一是可以让员工感受到领导的宽容，使上下级关系更加融洽；二是让公司氛围变得轻松愉悦，增强员工的自信心和在工作上的自主性；三是可以让员工没有顾虑地工作，不隐瞒自己的失误，也不会推卸责任，甚至会让员工主动承认错误，找出自己的问题，吸取教训，避免重蹈覆辙；四是可以使员工正视自己的错误，让所有员工引以为戒。

所以，对于员工的过错，领导要正确看待，不能因为员工犯了错误就对他丧失信心或在工作中排挤他，要帮助员工正视错误和失败，吸取经验，获得成长。

洛克菲勒创业时有过很多并肩作战的伙伴，其中一个重要的伙伴叫贝德福德。但是贝德福德也有过失误，在一次投资中，他的错误决策导致项目失败。他竭尽全力地补救，想挽回损失，可最终只收回了部分投资资金。

面对这个严重的错误，贝德福德认为洛克菲勒肯定会特别生气，绝对不会容忍这个过失，因为他自己都觉得这件事不可原谅，于是打算主动辞职。他还没来得及把辞职一事提出来，洛克菲勒就先找到了他，贝德福德以为洛克菲勒一定是要开除他，可没想到，一见面，洛克菲勒就友好地拥抱了他，并说："你做得棒极了，我的好搭档！"贝德福德觉得洛克菲勒是在说反话，接下来肯定是劈头盖脸地责骂，就赶紧主动认错："您不要这样说，我知道这次输得很惨。"

"不不不，我是真的认为你很棒！"洛克菲勒非常诚恳地解释道，"投资嘛，失败在所难免，我本来都不抱希望了，觉得那些钱肯定有去无回，可没想到你及时止损，竟然将公司的损失减少了这么多。你做得太出色了，真的，我非常感谢你！"

洛克菲勒的宽容让贝德福德备受感动，在工作上也更加努力，后来他给公司带来的收益远远超过了那次失败造成的损失。

如果员工出现失误之后及时改正，领导就不应再对此耿耿于怀，而要继续保持对他的信任。这样能让员工感受到领导的包容，激励他更加积极地工作。

著名企业家，人称"旅店大王"的希尔顿就非常懂得宽恕员工。他经常对犯错的员工说："不必自责，这算什么错误！我之前犯的错比你的更严重。在我看来，犯错本身就是一种进步，说明你在踏实地工作，那些不工作或无事可做的人连犯错的机会都没有。"

作为领导，要有容人的气度。在工作中，每个人都会有犯错的时候，只要员工认识到了错误，能真心改正，那么领导就要秉持包容的原则，给其改过的机会，不能一叶蔽目，以偏概全，对员工的错误耿耿于怀，紧抓不放。

包容他人也是取悦自己。当领导原谅了员工的过错、懂得了员工的难处时，领导自己也会得到快乐。这不仅可以让领导更加自信，还会使领导赢得员工的尊重，"俘获"员工的心，使其成为领导的忠实部下。

# 先夸后批，效果更佳

在工作中，员工都渴望得到领导的表扬和肯定，不希望听到批评和指责。这是人的本性，无可厚非。每个人都会本能地抗拒批评，并且习惯为自己找借口，推脱责任，尤其是当员工为工作付出很大的心血时，对领导的批评就更加敏感，也会更激动地为自己辩解。

因此，领导批评员工时，其实可以换一种方式，不要直白地训斥，可以先夸后批，让员工在受到批评后欣然接受，从而顺利地使其意识到自己的问题并改正，下面的案例就采用了这种方式。

有一次，一位主管看到员工接待顾客时表情很严肃，没有微笑，但他没有直接批评，而是走过去对这位员工说："刚才你的表现不错，跟顾客讲话的语气、言辞都拿捏得恰到好处，如果能面带微笑，效果绝对会更好。我知道，你有很强的业务水平，这点小事情你肯定可以做得很好。"这位主管说完之后，员工立刻明白了自己的不足，欣然接受了这位主管的建议。

什么是先夸后批呢？就是话语内容主要是表扬，在其中看似无意地夹杂一点儿批评，即先扬再抑再扬。采用这样的方式批评员工，通常都会收到很好的效果，员工不仅容易接受，而且不会对领导产生抵触心理。原因很简单，那就是批评是领导对员工的否定，表扬则代表领导对员工的赞许和肯定。先扬再抑再扬的方式，有两层肯定因素、一层否定因素，肯定因素多于否定因素，这样可以使员工心理平衡。

其实，从另一个角度来看，批评也是对员工的指导和帮助。只是在这个过程中，需要领导者掌握一定的技巧，要让员工听着舒服，笑着接受。先夸后批式批评就是一种不错的方法，能被员工普遍接受。

批评员工时先对其进行赞扬，这样可以使其心情愉悦，能更容易接受随之而来的批评。赞扬员工时，最好先对他的表现进行全面表扬，接着，针对员工的具体情况有的放矢地选择某一方面或细节将其放大，即放大对方的优点，让员工体会到领导对他的关注和重视。之后，慢慢地进入主题，顺其自然地对员工的错误进行指正。指正时，领导可以主动帮员工辩解，让员工知道领导理解他。最后，以鼓励和表扬的话语表达对员工的期许，让其在今后的工作中保持自信，同时，根据领导的指正努力弥补不足。

　　大名鼎鼎的女企业家玫琳凯·艾施一直坚持以人为本的管理理念。在管理员工方面，她十分注重员工的个人感受，她认为，批评要随着表扬提出，不要单刀直入地呵斥，让员工难堪。她每次批评员工，都是先努力寻找员工优秀的地方进行表扬，然后将批评巧妙地融入其中，最后再给予鼓励。由此，她的批评总能收到很好的效果。

　　采用先夸后批的方式进行责备，可以在维护双方关系的基础上达到目的。这种方式通常很有效果，因为领导主动提起员工的优点和做得出色的地方，相当于在无形中为员工的错误进行了辩解。每一个员工都有值得肯定的地方，如专业能力、工作态度等方面，如果领导对此置若罔闻，久而久之，员工可能会心存怨恨，觉得自己的努力都白费了，没有受到应有的肯定。如果领导将小事上纲上线，对员工狠批不止，这会让员工觉得领导是在故意刁难他。如果领导先对员工进行表扬，表达对其工作的肯定，让他知道领导的批评对事不对人，那他面对批评时自然也不会执意为自己辩解。

　　另外，对员工进行批评时，领导要运用好自己的语气和表情，真心实意地夸赞员工，为谈话营造轻松愉悦的氛围，因为如果员工感受不到你的用心，就会认为那些赞许之词是敷衍，那谈话的效果会大打折扣。

# 与犯错的员工耐心沟通

在工作中，员工难免会犯错误，作为管理者，怎样让员工认识到错误，并能深刻反省和自觉改正错误，是管理工作的一项重要课题，也是考验管理者能力的一个重要方面。

没有任何一个管理者希望员工犯错，也没有一个员工希望自己犯错，既然问题发生了，重要的是解决问题，而不是一味地指责犯错的员工。

对于犯错的员工，每个管理者都会心有不悦，但对员工的态度却不尽相同。有些管理者不问情由，劈头盖脸地训斥，让员工内心大受打击。这样做，只是让管理者发泄了怒气，而对事情的解决丝毫没有帮助，而且容易让员工误解管理者，认为他只是一个脾气暴躁的上级。

有些管理者与之正相反，虽然心中也有怒气，但他们会克制，会先认真、客观地调查情况，弄清员工之所以犯错误的原因，然后才是批评。其实，管理者这样做是最恰当的，这才是作为一个管理者应有的气度。

当然，作为一个成功的管理者，仅仅指出员工的错误是不够的，还需要让员工从错误中学习，把错误转变为一个学习的机会。此时，就需要管理者具备一定的沟通技巧了，这看似简单，但事实上每一句都至关重要。

### 1. 首先了解员工对错误的认识

有时候，错误的行为不一定有这么明显的后果，而且，犯了错误的员工未必知道自己究竟错在哪里。所以，作为管理者应该首先了解犯错误的员工的想法，要问清楚，看他如何看待整件事情，如果他知道自己哪里做错了，再进行下一步；否则，要向他说明错误究竟出在什么地方。

### 2. 了解员工如此行事的原因

有时候，员工犯错可能事出有因，这就需要管理者和员工好好地聊一聊，了解他这么做的原因。听他说明原因，了解他如此行事的动机，可以了解他对自己工作的某些不同看法，进而有针对性地与他进行沟通。

### 3. 了解员工是否清楚自己行为的后果

作为管理者，当然清楚员工的错误给自己带来什么：工作中出现纰漏，整个项目的进度就要落后，或者已经十拿九稳的订单，就因为员工的疏忽而泡汤了……但是，你的员工却未必了解他的错误将会给上司或部门所带来的影响。所以，当员工并不清楚自己所犯错误会造成什么后果时，就要让其充分了解他工作失误给公司造成的损失，增强他的工作责任感。

### 4. 了解员工是否明确知道自己的工作任务

很多管理者将命令下达给员工，就以为一切都会顺利进行下去，只等着验收了。其实这样就会留下隐患，管理者以为表达清楚了，但实际上员工对自己的工作任务根本没有搞清楚。因为管理者和员工之间就任务的完成程度没有进行充分的沟通，没有达成共识，所以，工作出现问题也就不奇怪了。

可见，管理者在给员工分配任务时，要明确告知工作要求，以及你所期望的结果。如果员工是因为对工作内容不清楚而犯错，那么作为管理者也要承担一定责任，不能将错误全推给员工。

### 5. 让员工知道如何补救

错误已经发生了，也已经分析了错误的所在、错误产生的原因，最重要的一步在于，该如何进行补救。在这件事情上，管理者应该主动帮助员工找出解决办法，必要时，还应动员团队集思广益。要尽可能让员工知道如何补救错误，而不应让其一直陷在自责情绪中。

管理者是公司的主心骨，要有一定的胸怀和气度，要明白在工作中犯错误在所难免。面对犯错误的员工，重在沟通、解决，而不是发泄怒气。通过和员工的沟通达到教育的目的，让员工真正了解到自己的错误，并能吸取教训，避免再犯。

第五章

# 花样激励，让员工"跑"起来

- ◆ 美言称赞，温暖员工心
- ◆ 物质奖励与精神激励双管齐下
- ◆ 用福利留住人心
- ◆ 让员工"为自己工作"
- ◆ 用自身热忱带动员工
- ◆ 为员工打气，激发员工潜能
- ◆ 用故事来激励员工

# 美言称赞，温暖员工心

女企业家玫琳凯·艾施说过："对待员工，最强有力的肯定方式，是不需要花钱的，那就是赞扬。我们都应该尽可能地随时称赞别人，这犹如甘霖降在久旱的花木上。"

称赞是对员工最好的鼓励。社会中的大多数人都在某一个单位或某一个群体中兢兢业业地工作，每个人都非常在乎领导对自己的评价，都希望能得到称赞而不是指责。所以，领导要学会称赞员工，这样不仅有利于激励他们更加努力地工作，为你的团队建设添砖加瓦，还能让他们从内心深处爱戴你，敬佩你。

对员工进行称赞时，要明确具体是哪一点值得称赞，在什么地点进行称赞，对谁进行称赞，这要求领导能娴熟地把握称赞的技巧。

## 1. 称赞的内容

一个人收获称赞，是因为他有卓越的表现，但是每个人的长处都不尽相同，有的员工在本职工作中表现突出，获得了出色的成绩；有的员工在本职工作以外，有突出的表现。对于这两种不同的情形，应用不同的方式进行称赞。对于在本职工作中表现杰出的员工，可以对他的成绩进行表彰，让他有成就感，使他更努力地工作。一般情形下，如此称赞会有意料之中的效果。但对于在本职工作之外表现出色的人，领导需要谨慎进行称赞。

有的领导对在本职工作之外拥有其他卓越才能的员工，会以这种方式称赞："你从事当前的工作，真是大材小用了。××工作更适合你，你在这方面很出色啊！"这样的称赞方式会使你的员工产生误解，以为你在暗示他不适合现在的工作，劝他离职，但其实你并没有这个意思。在生活中，领导有时会因为这种言语失当而弄巧成拙。

为避免产生误会，领导完全可以这样来称赞："听说你在某方面颇有成就，真是深藏不露啊！我很高兴你能进入我们公司，希望你在这里能实现你的理想。"这样的称赞会让员工感受到很大的鼓励，工作热情也会高涨。

可见，同样对一个人进行称赞，同样是对其本职工作之外的才能进行称赞，表述的语言不同，效果便会不同。

## 2. 称赞的场合

称赞员工的场合有很多，可以在公开场合进行夸奖，也可以私下给予激励和欣赏。有时在大庭广众之下大加赞赏会给

"榜样"带来一些麻烦和困扰，使称赞的作用适得其反。

大多数领导有一个观念误区，认为在大庭广众之中称赞员工，会使员工感激涕零。当众批评职员固然不当，但当众夸赞员工也未必合适，这一点是领导必须意识到的。

在其他员工面前过于夸张地称赞某员工，会使其他员工心生不悦，甚至产生妒忌心理。称赞越多，妒忌越强烈。如果你的称赞有些夸大其词，会使他们的心里对你产生怀疑，甚至觉得你很虚伪。

如果是聪明的员工，在受到称赞时，说一句"谢谢"后会自觉远离众人，与其说他是害羞，倒不如说他是机智，懂得掩盖锋芒，低调做人的道理。

所以，在其他员工面前称赞某位员工时，必须注意：首先，被称赞的员工是否会受到困扰，如周围人的妒忌等；其次，称赞是否恰到好处，如称赞的内容是否实事求是。

### 3. 称赞的方式

前文已说明，应避免在公共场合过于夸张地称赞某职员。那么，你可以在他不在场的时候，在少数员工面前对他赞赏有加吗？建议您不要采纳这种暗中称赞的方式。

毕竟，每个人的内心深处都渴望在与他人的竞争中取得优势，每个人都会下意识地与他人进行比较，所谓的自大和自卑也就因为这样的比较而产生。因此，虽然不在大庭广众之中称赞某个人，只在少数职员面前对其赞誉有加，但依然存在竞争意识和攀比心理，后果也是非常严重的。如果这种暗中称赞的方式会给自己和他人带来不必要的麻烦，倒不如不采取这种称赞的方式。

如果要称赞的员工不在现场，称赞方式也要有所变动，要关照一下处在现场的员工的内心感受。如何才能关照得周到呢？这的确不是一件容易的事。应注意的是：不能把身处现场的员工与不在现场的员工拿来对比，称赞不在现场的员工，而贬低和批评身处现场的员工。这种做法会使所有人难堪。

另外，如果你所称赞的内容太过浮夸，而没有称赞到员工真正的贡献，那么员工就难免会曲解你的意思。他会想："领导今天这样表扬我，是不是误会我了？是不是我在哪个地方表现得有些过头？"因为这种心理干扰也会直接影响到工作，所以万万不可采纳这种泛泛而谈的称赞方式。

总之，对领导来说，称赞员工不需要冒多少风险，更不需要付出多少成本或代价，却能很容易地满足员工的荣誉感和成就感，使他更加努力工作，何乐而不为呢？

# 物质奖励与精神激励双管齐下

从一定程度上讲，企业和员工本身就是平等的。员工在企业工作，为企业创造效益。企业享受了员工带来的经济利益，就要给予其同等的报酬，包括物质奖励和精神激励，这是企业与员工之间关系的实质。

对员工来说，物质奖励是他们工作的动力来源，但精神激励的重要性也不可忽视。不管是哪种形式的奖励，都是领导对员工工作的肯定，都能使员工感到愉悦，从而对工作付出更大的热情。

这两种奖励配合得当，就能创造出和谐团结、积极向上的工作氛围，使企业和员工在这种氛围中共同成长、共同进步，快速发展。

锦江国际集团北方有限公司董事长海岩在管理工作中就非常注重物质奖励和精神激励的结合，作为企业领导，他想方设法地使下属在工作中获得快乐。这一点体现出他对精神激励的重视。

另外，该公司对物质奖励的发放也毫不吝啬，不仅有完善的薪酬福利体系，还设置科技、创新等方面的专项奖励，鼓励员工锐意进取。对于业绩出色的员工，公司会给予其丰厚的奖金；对于那些在项目上有所创新、给公司引进新技术或者有重大发明的员工，同样会给予重奖。

在奖励员工的问题上，有的人认为只要有物质奖励就可以了，这种实在的东西更能激发员工的工作热情；精神激励太过虚幻，如同空心汤圆，华而不实，无非是领导的几句空话，对实际生活和工作没有一点帮助。

对于这个问题，也有人持相反态度，认为只要有精神激励就可以了，他们认为一直向员工讲一些宏伟的愿景，就能使员工为公司的发展努力奋斗，不求回报。事实上，愿景固然美好，但总是讲空话，不注重实际，员工的热情迟早会被消磨掉，不会长久地保持积极的工作状态。诚然，无论是谁，无论干什么，都需要一定的精神肯定，这样可以保持工作的动力，使自己更积极地去完成任务，竭尽全力把工作做好，可是如果连基本生活都无法保障，再大的精神支持也无济于事。

由此可见，以上两种观点都是片面之谈，在实际管理工作中，需要兼顾物质奖励和精神激励，双管齐下才能事半功倍。

海岩很清楚，单纯的物质奖励是无法满足员工全部需求的，还要注意对员工进行精神激励。当然他所说的这种激励绝对不是一些空话，也不是动员大会上的宣讲口号，而是一些具体的鼓励活动。例如，公司会定期举办评比活动，主要是评选出最近的业绩模范、工作标兵以及公司明星人物等优秀员工，然后为这些优秀员工专门做一张海报，让他们登上公司明星榜，也让全体员工都见证他们的出色业绩，为他们喝彩。

在海岩看来，仅做到这些还远远不够，要想使企业蒸蒸日上，持续发展，还需要在多个方面继续努力。无论是物质奖励还是精神激励，其目的都是让员工在工作中获得快乐，使他们全身心地投入到工作中。为此，锦江国际集团在很多地方努力做了改进。例如，完善薪酬体系、提高福利待遇，给员工提供充分发挥才能的平台，帮助他们规划未来发展方向，等等。

在任职期间，海岩曾连续几年聘请专家到公司进行调研，就是为了了解员工们对公司各方面的看法和满意度，以及确定企业的具体改进措施。

正因为锦江国际集团在激励制度上做了多种努力，才使公司获得长足的发展。

物质奖励和精神激励虽然表现方式不同，但二者是相辅相成的，都是不可或缺的。当然，它们也没有主次之分，只有将二者的长处结合起来，才能发挥出最大的功效，达到有效激励的目的。

锦江国际集团将物质奖励和精神激励两种制度完美结合，

在给予员工足够的物质奖励的同时，也给予了员工精神方面的肯定，让员工明白自己对公司做出的贡献，体会到自我价值，从中获得成就感，虽然精神激励不如物质奖励实际，可对员工来说是不可或缺的。

如果公司只在物质方面对员工有所表示，会使他们认为这是一种交易，这种做法在最初可能会取得很好的效果，但时间一长，会使员工变得麻木，激励作用会大大减弱。另外，如果物质奖励太过频繁，就会形成恶性循环，甚至得不偿失，还会影响企业内部的文化氛围。而恰当的精神激励正好可以弥补物质奖励的不足，让员工获得心理上的满足，自我价值得到体现，对工作也更有积极性和热情。

总之，物质奖励和精神激励只有结合得恰到好处，才能取得最佳效果，达到激励员工的目的，才能让企业充满活力，不断发展壮大，走向世界。

# 用福利留住人心

俗话说："众人拾柴火焰高。"对企业来说，要想取得发展，就需要众人的努力。而福利就是众人努力的前提，它以多样的形式和丰富的内容满足着员工的多种需要，让员工可以没有后顾之忧地全力投入工作。福利是企业发展路上的"后勤补给"，同时也是员工工作的动力，可以激发员工的潜能。完善的福利制度有利于团队营造出众人协作、共同努力的良好氛围。

企业提高员工工作热情有三件"法宝"，分别是完善福利体系、提高薪酬、增加休息时间。在这三件"法宝"中，很多公司最不愿意在福利待遇方面花费金钱和精力。但是，从员工的角度来看，如果他们想在一家公司长久地工作下去，就会特别看重公司的福利待遇。

全球电子电气工程领域的领先企业——西门子股份公司就非常注重福利制度。该公司努力采取多种措施，不断地为员工谋福利，以激发员工的工作热情，培养员工的敬业精神，积极营造团结一致、努力进取的工作氛围。

1862 年，公司为制造厂员工增加了工作补贴；1872 年，公司开始实行养老金制度；1873 年，公司将工作时间缩短为 9 小时；1888 年，公司为员工配备了健康保险医生；1927 年，经领导商议，公司制定了"成果奖金"这一奖励机制并将其面向全体员工，这一机制后来作为制度化项目被保留下来，并且在公司工作 10 年以上的员工均被授予该奖。此外，西门子公司还有一个独特的制度，就是上司要和下属定期沟通，这样做是为了加强上下级之间的交流，营造和谐的团队氛围，增强大家的团队合作意识。这样的措施不胜枚举，但其所发挥的作用只有一个：让员工明白公司对大家的体贴，激发其工作热情，开发其潜能，让员工全心全意地为公司工作。

在这些措施中，最有成效的是公司在 1872 年制定的抚恤金制度。具体内容是：公司定期从年度利润中提出一部分资金，将其作为员工额外的奖金，以及他们遇到困难时的救济金。另外，公司还拿出一大笔钱作为全体员工的养老及伤残金。这项制度在之后的几十年里一直发挥着良好的作用，使员工们真心将企业看作自己的家，将团队利益看作自己的利益，使员工乐意留在公司，因为他们看到在西门子公司工作，自己的前途有保障。制造厂的员工们也非常乐意继续在公司工作，因为随着工作年限的增加，养老金也会不断增加，连续工作满30年的退休员工按工资的2/3领取养老金。这个措施有很大的现实意义，它使那些虽然到了退休年龄但身体依然健康的员工，愿意留下来继续工作。这些人不仅可以按月领取退休金，还可以照常领取应得的全部工资。

因为养老金制度的制定和实施，西门子公司员工的团队意识被大大增强，所有员工都与公司紧密地联系在一起。公司的领导也公开表示，公司取得的大部分成就都与这一制度的实施密不可分。

西门子公司相比于其他企业，有一个很突出的优势，就是公司有很强的凝聚力。领导可以鼓舞员工的士气，并把公司的目标根植在每个员工的心中，然后集结每一个人的努力，使之团结成一股力量向总目标前进。

西门子公司创始人维尔纳·冯·西门子在临终时对公司的下一任管理者说："我很早就明白，只有所有员工努力地、自发地合作来实现他们的共同利益，才能使公司不断发展。"之后，公司的历任管理者也正是按照这一原则经营企业，他们不断完善福利待遇体系，增设各种劳动保护制度，增设员工医疗福利等政策，把全体员工的努力汇集成公司前进的力量，使公司事业蒸蒸日上，发展到如今的规模。

随着社会的不断发展，公司之间的竞争越来越激烈，员工薪酬稳步增加，员工的流动性加大，工作价值越来越多元化，员工和公司对福利日益看重。在今天，福利在员工的薪酬中已占有很大的比例，提高福利水平是提高员工工作热情必不可少的措施，其方式也灵活多样。

灵活福利制度就是福利制度多样化的典型例子，它是一种更个性化的福利组合。

灵活福利制度就是让大家根据自身实际情况，从企业设立的各种福利种类中选择自己想享受的几个项目，即让每个员工选择一组适合自己的福利项目。这项制度可以满足员工的不同需要。公司为每个员工制定个性化的消费账目，并明码标价。例如，医疗项目：一种费用相对较少（承保项目较少），另一种费用相对昂贵（承保项目较多）。

灵活福利制度支持员工根据自己的实际情况选择最合适的福利组合，通过调查每位员工的实际情况，使福利项目个性化。显然，这种方案对员工有极大的吸引力，因为他们可以自主决定自己享有的福利待遇。

管理者要明白，想让员工对企业保持忠诚，就要永远在第一时间解决员工的问题。对于员工来说，薪酬、待遇、福利，这些可以说是硬性物质条件，除此之外，也要让员工的心灵得到慰藉，在工作上给予支持，在生活上给予照顾。总之，你期望自己的企业做多大，你对员工的关心程度就应该有多大。

# 让员工"为自己工作"

在企业管理中，提高员工工作积极性的有效措施就是努力使他们获得拥有感。当然，那些"以厂为家""以公司为家"的口号的宣传作用是极其有限的，必须让员工看到实实在在的东西，比如，让员工拥有公司股权、实行多劳多得的工资制度等。这样，员工就有极大的动力投入工作，会将公司作为发挥能力、实现人生目标的理想之地，与公司共同成长。

微软公司非常注重人才的引进，正是这些人才将微软推向了行业顶峰。对此，比尔·盖茨毫不隐瞒，当被问及公司成功的方法时，他说："因为我们招收的都是能力出众的人。"

比尔·盖茨性格直率，比较自我，无论什么时候都坚持自己的意见，不会轻易迁就别人。通常来说，这种个性的领导很容易让员工反感，使自己被孤立。他的可贵之处在于：他虽直率但不独裁，在工作中允许员工们坚持自己的意见，也能接受其他人的批评。公司全体成员在同等权利下相处，也就无所谓受不受委屈。这也是那些一开始不习惯比尔·盖茨行事风格的人通过接触后喜欢和认同他的原因。

随着公司的不断壮大，公司的性质开始发生改变。

微软刚成立时为合伙人制，公司创建者比尔·盖茨与他的搭档保罗·艾伦共同享有公司所有权。

最开始，只有公司内部的少数人能购买微软的股票，比尔·盖茨持股占比超过一半、保罗·艾伦占股不到三分之一；其余的一小部分分别由鲍尔默、拉伯恩、西蒙伊和利特文持有。

但是时间一长，很多老员工开始不满公司的持股制度。在他们看来，自己也有功劳，但没有机会持有股票。

知道了员工的想法，领导们很快开始执行股票购买权制度。此项措施用了四年才陆续完成。微软公司的原始股价为每股 95 美分，每位新程序员分得 5200 股。1981 年 7 月 1 日，微软改制成为一家股份公司。

到 1992 年，公司原始股票价格已经达到每股 1500 美元，那些早期购买公司股票的员工都赚了很多。当然，这是后话，此时微软公司并未上市，股票只是大家分红时的依据。

微软实行的股票购买权制度，让大家对工作和公司产生了拥有感，让员工真真切切地感到他们是在为自己工作。

另外，微软的员工薪酬虽然高于其他软件公司，但工作时间也相对较长。这样对比，其实微软的平均时薪并不算高，这也使员工不满。股票购买权制度从侧面缓解了员工的不满情绪。

通过微软的案例我们可以看到，让员工持股具有积极意义，它将"以公司为家""为自己工作"从口号变成了现实，让员工真正成为公司的主人，这样公司就能牢牢地拴住人才，以稳健的步伐迈向更高的山峰。

# 用自身热忱带动员工

　　管理者是员工的表率，其一言一行都会影响到员工。因此，想要有效地激励员工，让员工充满热忱地工作，那么作为管理者就不能有所懈怠，也要全身心地投入工作，让员工都能感受到这种热忱。

　　无论做任何事情，没有热忱都是做不好的，管理公司亦是如此。一个毫无热忱的管理者所带领的团队，也必然无精打采，而充满热忱的管理者也必然可以鼓舞团队，让员工跟着一起跑起来。

　　热忱虽不能代替好的发展决策和整体规划，但是我们也不能忽视了热忱的巨大激励力量。管理者有责任带动员工积极工作，发展壮大企业，并实现个人成长，所以更需要具备对工作发自内心的热忱。热忱是一种精神力量，这种力量具有很强的感染力和带动力，当管理者身上充满这种力量时，就会在无形中将这种力量传染给身边的员工，从而激起员工的工作热情，让他们发自肺腑地愿意为企业努力和付出。

一位营销专家说过："无论你有多高的才能，有多少知识，如果缺乏热忱，那就等于是纸上谈兵，终将一事无成。如果智能稍差，才能平庸，但能对自己的工作充满热忱，那么，你就无须为自己的前途操心了。"可见，对工作充满热忱，对我们来说是很重要的，起码这种力量能让我们无畏前行，纵使天赋不足，也不用害怕。

工作热忱亦是推动个人进步和企业发展的不竭动力，这种力量就如同一个强劲的"发动机"一样，能在工作中转化为一股强大的积极能量，让人精神饱满地去工作。在最佳的精神状态下，工作效率自然提高，企业发展自然蒸蒸日上。事实上，那些优秀的管理者都懂得用自身的工作激情去带动员工们对工作的激情，进而提升整个团队的工作效率。

有一位企业家是以巧克力起家的，现在，他的巧克力公司已经成功上市，资产过亿，有员工几万人。他的成功离不开他的不懈努力，而支撑他一直努力的就是对这份工作的热忱。

当年他刚刚成立这家巧克力公司的时候，对经营懂得其实并不多，他想要赚钱，但他知道并不能急于求成。他十分喜欢巧克力，喜欢吃巧克力也喜欢研究巧克力。自从创立这家巧克力公司以来，他就决定要与巧克力同呼吸、共命运。他不厌其烦地去了解各种不同的巧克力，及每种巧克力需要添加的成分。他还频繁出入图书馆，搜集各类与巧克力有关的资料，孜孜不倦地研读。他甚至出席各种有关巧克力的研讨会，想方设法去获取一切与巧克力相关的知识。其实，他的目的很纯粹，就是制作出世界最漂亮且最好吃的巧克力。

在这位企业家看来，巧克力不仅是一种食物，还是一件美丽的艺术品。他发自内心地热爱着巧克力，也全身心地热爱着自己的工作，他与别人聊天说的最多的就是巧克力，认识他的人都能感受到他对巧克力的那份浓烈感情，包括他的每一个员工。

他经常对他的员工说："我们能让漂亮而美味的巧克力给人们带来无限快乐，还有比这更美好、更有意义的事业吗？"

这位企业家对巧克力事业的热忱深深鼓舞着他的每一个员工，他们充满激情地去制作巧克力，并为自己的工作感到自豪。因为他们的目标不仅仅是将巧克力制作出来，而是要制作出令世界惊叹的最好的巧克力，正是这种对工作的激情，让这家小小的巧克力公司克服了一个又一个困难，越做越大。

企业家土光敏夫是日本经济界的领袖人物，他对工作的热忱已经成为同行激励员工的典范，他曾说："热忱是一种精神，员工要三倍努力，上司就要十倍努力；员工学习的是上司的行动，上司对工作的全身心投入是对员工最好的激励。上司只有拥有了这样的热情态度，才会把企业做得更大更好。"

正如土光敏夫所言，管理者的工作热忱对员工是具有强大的感染力和影响力的，管理者应该以身作则，用心去热爱自己的事业，并以饱满的热情去带动员工，鼓舞员工去奋斗进取，充满干劲地去追求更高的目标。那么，具体来看，管理者应该如何去做呢？下面是一些建议：

### 1. 热爱自己的工作

热爱工作是保持工作积极性的最关键的要素，倘若一个管理者是真心喜欢自己的工作，那么就会对工作充满热忱，而且不会因遇到困难而轻易放弃，更不会因遭受打击而一蹶不振。著名企业家比尔·盖茨就说过这样一句话："每天早晨醒来，一想到所从事的工作和所开发的技术将会给人类带来的巨大影响和变化，我就会无比兴奋和激动。"从中可以看出比尔·盖茨对这份工作的热爱，而这种精神也感染着微软的每一个员工，因为热爱而坚持，这也是微软能够成功的精神源泉。

### 2. 将每一件事都做好

一个真正热爱工作的人会全身心地投入到自己的本职工作中，即使是再小的事情也会尽力最到最好。其实，对工作来说，无论是大事还是小事都需要认真对待，有时候一件看似微不足道的小事可能就会影响大局，所以管理者需要具备严谨的工作态度，而这就需要以热爱为前提。没有热爱，想要尽心尽责也很难。如果管理者能带着热忱把每一件小事做好，那么员工自然也就会效仿，认真谨慎地做好每一件小事。

管理者要让员工明白，工作不分贵贱，也不分高低，只要心怀热忱，那么平凡的岗位上也能做出不平凡的业绩。员工需要认同自己的工作，只有认同才能热爱，有了热爱就会产生尽职尽责的态度，就能在管理者的带领下向着公司的大目标而努力。

### 3. 用自己的行动激励员工

一位优秀的管理者不仅因他的才能而服众，更要以他的自身执行力感化众人，激励众人的。能在困难面前为员工树立起榜样，激励和带动员工的工作热忱，带领员工一起挺过困难时期，这样的管理者不仅会让企业摆脱一时的困境，而且会让自己的地位在员工心里得到提升。

一言以蔽之，管理者要想管理好一个企业，就要做好榜样作用。榜样的力量是无穷的，只有管理者充满工作热忱，才能成功地激励员工，让公司上下充满干劲，不断发展。

# 为员工打气，激发员工潜能

作为管理者，不应该忽视公司里的员工，因为每一个员工身上都蕴藏着潜在的能量。员工的潜能如同光能，他们既可以各行其是，像单个的电灯泡一样散发光；也可以汇集所有能量，化身为光芒万丈的激光，穿透前路上所遇到的种种障碍。

对一个成功的团队来说，积极向上的品质是不可或缺的，只有团队成员秉持着积极向上的工作态度，为了确保完成团队赋予的使命和同事一起奋斗、积极进取、创造性地工作，一个团队才能永葆活力，不断发展壮大。

为此，管理者必须明白，保持团队成员的高昂士气，是一切工作的重中之重。为了做到这一点，下面是一些建议。

## 1. 欣赏每位员工的独特之处

世界上的每一个人都有着自身的优点，管理者要具备一双识人的慧眼，要用欣赏的眼光去看待每位员工，发现每个员工的独特之处，并加以鼓舞。管理者要让员工自己知道，他在团队中是独一无二的，只要他努力去做，就能在自己的岗位上发光发热，成为不可替代的人才。

对管理者而言，经常性地对员工表示认同，而且是公开认同，不仅对员工具有强大的激励作用，而且根本不需要投入大量的金钱，完全是一种没有成本的投资。有时候，一句真诚的话，远胜于千言万语，可以给予员工最大的精神力量，激励他们闯过难关，更好地工作。正如一位著名的管理顾问所说："对员工表示认同做起来非常容易而且省钱，简直没有任何借口不这样做。"但可惜的是，很多管理者在这方面做得都不够好。

## 2. 为员工寻求工作的内在意义

很多管理者都有一个错误的想法，就是觉得下命令是一件最简单的事，认为只要下了指示给员工，并施以一定的激励，比如金钱、晋升等。就可以使他们顺利达到既定的目的。然而，这样想的管理者其实是不合格的，管理者的工作并不是如此简单，除了下达指令，监督员工执行，管理者还应该考虑员工的意愿，要让员工在自己的意愿下更好地完成任务。符合意愿，就意味着要让员工明白工作的意义，要让工作激起他们的兴趣。

一般来看，具有趣味性的及挑战性的工作更能让员工产生兴趣，当发现员工对工作感到厌倦时，管理者可以安排一些具有挑战性的工作让其完成，但要注意不要过于加大难度，以免员工无法完成而产生过大压力。

当然，生活中也免不了存在一些单调重复、枯燥乏味，没有一点趣味、没有一点挑战性的工作，想让员工一直保持工作的热情确实很难，这就需要管理者结合实际情况，用心地思考一下，如何安排工作，才能在最大程度上激起员工的兴趣。管理者要知道，人与人之间的志趣、想法是各不相同的，不同的人对不同的工作会有不同的看法，因此也会有不同的激励效果。

其实，每份工作都有它自身的价值和意义，对于这一点，有些员工可能明白，有些员工可能不明白。如果你问一个员工："你对现在的工作有兴趣吗，你觉得它有意义吗？"可能会得到两种不同的答案：一种是"就是一份工作，谈不上有什么有兴趣，至于意义，我没想那么多"；另一种是"我对目前的工作很有兴趣，它很有意义，是我价值的体现"。

当员工感受不到工作的真正价值和意义时，那自然也无法产生真正的兴趣，你认为他们对工作还会抱有多大的积极性？因此，为员工创造有意义的工作、培养员工对工作的兴趣，这也是管理工作的重要一环。事实证明，即使枯燥乏味的工作，只要经过精心的设计，照样可以充满趣味、充满意义，照样可以激发员工的工作激情。

### 3. 在公司内引入竞争

每一个人都有自尊心和自信心，其潜在心理都是希望能站在比别人更优越的位置上，或者自己被当成比别人更重要的人物。这种潜在心理，其实是一种自我优越的愿望。正因为存在这种愿望，人们才会产生奋发进取的行动。

这种自我优越的愿望，在有特定的竞争对象存在时，其意识会更加明显。所以，管理者应该在团队内部适时地引入竞争机制，唤起员工之间的竞争意识，使他们在良性竞争中迅速成长。

很多管理者在领导下面的员工时，都会使用这种鼓励竞争的方法。张主管手下有两员大将，小李和小孙。小李工作努力，注重细节，但有时候过于吹毛求疵，结果常常不能按时完成工作，影响整个工作进度。小孙工作雷厉风行，效率很高，但常常出现一些小错误。为此，张主管多次找二人详谈，但效果甚微。

后来，经理一职空缺，张主管决定从二人之中选择。张主管又找来小李，说："小李，这次经理的职位你是有很大机会的，我知道你向来工作努力，但一直有一个致命缺点，就是效率不高，你应该向小孙学习一下，如果你能二者兼顾，那么经理一职肯定非你莫属。"

随后，张主管又找来小孙，说："小孙，我知道你工作能力很强，公司的很多工作都离不开你，但你做事有点儿马虎，如果你能以小李为榜样，像他那样细心地工作，我相信你是有实力胜任经理一职的。"

一段时间之后，张主管发现，小李做事的效率比以前大为提高，而小孙的工作也比以前完成得细致多了。于是，张主管决定将人员分为两个部门，一个部门由小李担任经理，一个部门由小孙担任经理，并制定了两个部门业绩竞争的机制。事实证明，工作效率比之前明显有所提高，而且小李和小孙的工作能力也越来越出色。

心理学家的实验表明，竞争可以增加人50%或更大的创造力，是激励员工的有效手段。人人都有不甘人后的心理，而竞争恰恰可以显示出员工之间的差距，让员工认识到自己的不足，从而激发员工的上进心。如果一直让员工处在与世无争、没有压力的工作环境中，那么他们的潜力很大程度上都将处于被压抑的状态。所以，作为管理者要善于在公司内部引入竞争，必要时，还可以适当为员工寻找竞争的对象。当员工感受到竞争对象的存在时，就会打起精神，进入竞争状态，从而发挥出自己的潜能。

### 4. 随时激励

一些公司会在年终进行工作总结，评选优秀员工，虽然这样做能起到很好的激励作用，但也存在着问题。员工的工作是每天都要进行的，一项工作做得怎么样，有哪些经验教训，这些如果能够及时进行总结评价效果无疑会更好，如果非要等到年终时才进行评鉴，那么很容易使评鉴的结果过于笼统，无法使员工真正知道自己哪里做得好，哪里做得不好。在工作中经常关注员工，并及时做出评价，就能随时激励，这样对员工的工作是非常有帮助的。

# 用故事来激励员工

　　领导力大师约翰·科特认为，一个卓越的管理者，首先应是讲故事的高手。因为管理从一个方面来看，就是用故事去教育员工，激励员工。

　　现实中，不少企业和管理者都是讲故事的高手，他们很清楚，比起枯燥的说教，有时候故事更具有说服力。在商界，这样的例子不胜枚举。

　　影响世界的著名信息科技公司惠普在公司创建 50 周年的时候，专门聘请有关专家在公司上下收集了 100 多个故事来激励员工，其中"威廉·惠利特与门"的故事流传最广。威廉惠利特是杰出的电气工程师和企业家，他和戴维·帕卡德共同创办了惠普公司。在公司的经营管理上，威廉　惠利特十分注重员工的感受。有一天，他发现材料仓库的门被锁上了，于是立刻让人把锁撬开，并在门上留下了一张便条，上面写着"此门永远不再上锁"。这个故事是告诉所有惠普人：惠普相信每一个员工。可想而知，员工们听了这个故事后，内心无疑会受到激励，会以饱满的热情投入工作。

无独有偶，中国的海尔也是一个很会讲故事的企业。张瑞敏和海尔人砸冰箱的故事在国内外广为流传，可以说对树立海尔的质量口碑起到了巨大的推动作用。最初，张瑞敏发现工厂生产的几十台冰箱存在缺陷，有人提议将这些有质量问题的冰箱低价处理，但张瑞敏坚决反对，最终他带头用大锤砸了这些冰箱，并告诉所有员工要提高质量意识，要为冰箱的质量负起责任。自此，"质量"成了海尔集团员工的工作准则。

当然，管理者讲故事要讲究技巧和对象。著名企业管理专家诺尔迪奇总结了领导者常用的三种故事类型。

### 1. "我是谁"

这类故事即讲述管理者自己的亲身经历，讲述自己的成功与失败、欢乐与泪水，以此赢得共鸣，打动人心，调动员工的积极性。

在可口可乐的历任总裁中，罗伯特·戈伊苏埃塔算是一位传奇人物，他也常常向员工讲述自己的经历。罗伯特·戈伊苏埃塔是古巴人，他当时在古巴的可口可乐公司担任化学工程师，1960年罗伯特·戈伊苏埃塔离开古巴，前往美国总部。据他说，当时他的口袋里只有40美元和100股可口可乐的股票，但他很乐观，而且信念坚定，最终他成功坐上了可口可乐总裁的宝座，令其他公司高管大吃一惊。

### 2. "我们是谁"

这类故事即讲述团队目前面临的形势与前景，以激发团队协作精神，激励所有团队成员勇于面对变革、迎接挑战。

耐克公司在几十年前就制定了"讲故事"经营策略，无论是老员工，还是新员工，都必须了解公司的成长故事。公司的教育总监和其他高层经理一遍又一遍地向公司所有员工讲述耐克的发展史，即"我们是谁"的故事，由此，让企业文化扎根于每一个员工的心中。

### 3. "我们向何处去"

这类故事即描绘团队未来的愿景、方向与目标，用目标的牵引力凝聚团队力量和智慧，激发团队成员迈向理想的激情与潜力。

罗伯特·戈伊苏埃塔就曾对员工说，人体每天需要64盎司的液体，而平均起来可口可乐只提供了2盎司。言外之意，就是说可口可乐拥有着巨大的市场潜力，根本不用担心公司的未来发展，以此让员工安心工作。他还把一些经理变成了故事的主角，他说最好的经理不是那些进了一座大楼后看哪些人在喝可口可乐的人，而是那些懂得看哪些人没有在喝可口可乐的人。

生动的故事能打动人，真实的故事能说服人，管理者应该学习如何去讲故事，故事讲得精彩，企业文化才能宣传到位。这就需要管理者深入到员工中，了解员工想什么、做什么、需要什么，挖掘好的故事，然后用讲故事的形式在员工中进行宣讲，向员工传递企业的经营理念，促进、加深员工价值观的形成。

当然，讲故事不是激励员工的唯一方法，但也能起到不错的效果，管理者需给予重视。只要管理者真正掌握了讲故事的本领，并适时地运用，那么肯定是有益于提高企业管理水平的，这也从侧面体现出一个管理者的睿智。

# 第六章

# 树立愿景，让员工有奔头

- ◆ 共同愿景是员工前进的"灯塔"
- ◆ 雄心越大，干劲越足
- ◆ 一步一个脚印，走向大目标
- ◆ 给员工一个明确的目标
- ◆ 帮员工制订职业规划

# 共同愿景是员工前进的"灯塔"

共同愿景是指在一个团队中，员工的愿望和公司的发展方向一致，员工的目标和公司的目标以及整体规划一致。

打造共同愿景是激发员工潜能的有效手段，是增加团队凝聚力的强心剂。有了共同愿景，团队就有了共同的梦想。这个梦想会激励所有人努力奋进，并将个人努力汇聚成强大的团队奋斗力量，使团队所向披靡，也就是"同舟共济者赢"的道理。

在管理工作中，领导希望达到的理想境界就是让员工和团队拥有共同的目标，激发员工的责任感。只有大家拥有了共同愿景，团队全体成员才会朝着目标共同努力，在工作中积极进取。

柏林汽车销售有限公司成立至今，发展良好，员工人数从几十人逐渐增加到上千人。公司一路走来，也经历了很多困难。在一次金融危机中，公司的汽车销售量急剧下降，甚至有一段时间，公司经营都难以维持。那段时间，员工们都忧心忡忡，担心自己会失业，团队人心不定，谣言四起。

在这种状况下，相比于业绩问题，公司领导更加担心能否留住员工的心。在领导看来，如果员工的心理状态无法改变，即使危机过去了，公司前景依然不容乐观，因为员工的愿景已经无法和公司的愿景相统一。因此，目前最重要的事情就是要给员工和公司建立共同愿景，找到一致的发展方向，使员工和公司共同前进。

于是，公司管理层树立了新的公司愿景，同时让各部门一起收集员工的想法，力求二者的愿景相统一。

首先，公司通过各种方式向员工宣传公司的企业文化理念和新的愿景，向大家说明愿景的目标和意义，以及公司愿景和员工个人愿景的关系，引导员工树立与公司相一致的愿景。同时宣扬公司的服务理念，将其与员工个人的价值观进行有机结合。对于团队中个人愿景不清晰或与公司理念不一致的成员，领导通过协调，尽量使员工与公司步伐一致。

其次，公司支持员工根据自己的工作情况树立与自身情况相符的个人愿景，公司领导通过走访不同部门、不同岗位上的员工，对每个员工的发展愿景进行调查，根据其个人需求、工作能力和岗位要求，有的放矢地进行引导，最大限度地解决员工在工作能力、职位发展等方面的问题，在这个过程中，把员工的个人愿景与公司愿景融为一体，使二者在发展中保持一致。

通过上述措施，员工的工作热情被激发起来，虽然当时公司的危机还未完全过去，但已经能够看到胜利的曙光了。

在上述案例中，我们可以看到，在遭遇危机的情况下，领导通过建立共同愿景，帮助员工找到了发展方向，使公司起死回生。如今，很多领导不注意将员工个人愿景和公司愿景结合起来，这也是员工职业规划与企业发展理念不相符的根本原因。

随着企业间竞争的加剧，一些公司经常会出现员工跳槽的现象，人员流动率很大，其主要原因是领导和员工的想法不统一。领导只注重公司的发展目标，却忽略了员工个人的职业规划。领导只有清楚员工的发展需求和职业愿景，并将其与公司发展融为一体，形成共同愿景，才能留住员工，激发员工的责任感。

共同愿景是公司和员工共同前进的"灯塔"，可以让公司和员工找到共同的发展目标，并肩作战，朝着同一个方向努力。总之，树立共同愿景，这既有利于公司发展，也有利于员工的个人成长。

# 雄心越大，干劲越足

在很多人看来，成为天才或事业成功是命中注定的。但是，并非所有被称为天才的人都能成就一番事业。很多人之所以一生碌碌无为，就是因为没有开拓事业、努力进取的动力，也不敢设立长远的事业目标。无论一个人天生的能力多么卓越和出色，如果没有远大的目标，也注定会庸庸碌碌。志存高远，才能有所成就。

人生是由梦想搭建起来的，一个人成就的大小很大程度上取决于他梦想的大小。换言之，梦想越大，人生就能拥有更多可能；梦想越小，人生就越没有可塑性。也就是说，赋予个人的期望越高，他就越有可能达到期望。因此，在管理工作中，领导要帮助员工提升梦想的高度，别怕梦想太大实现不了。

世界潜能开发大师安东尼·罗宾曾说："如果你是一个销售人员，那么赚1万美元和10万美元哪个更容易？答案是10万美元！为什么呢？如果你的目标是1万美元，那么很显然，你只想满足生活的基本需求。抱着这样的心态去工作，请问你会有动力和干劲吗？"

毫无疑问，一个志存高远的人肯定会比一个胸无大志的人更容易有成就。而且，目标越大，成就也会越大。洛克菲勒曾说："你要永远记得，构建伟大的梦想不一定比构建渺小的梦想花费你更多的时间和精力，但它会带给你更多的回报。"当你工作只是为了满足自己眼前的利益时，你就没有那么强烈的动力，遇到困难也很容易被打败。当你工作是为了实现自己的远大目标时，你就会有特别强大的动力，即使遇到困难，你也不会轻言放弃，会为了这个目标竭尽全力。取得成功的人之所以能够持续努力，就是因为他们有雄心壮志，在梦想的鞭策下一往无前。

在管理工作中，领导需要为员工设立一个高期望值，让他们适时地迎接挑战，点燃他们的斗志。对此，一位管理顾问曾这样说："设立高期望值能为那些热爱挑战的贤明之士提供更多机会。留住人才的关键是不断提高要求，为他们提供新的成功机会。"

一家大型企业的管理层就深谙此道。这个公司有一个硬性要求，就是各部门的年度利润每次都要比去年有所增长。"有雄心的人都喜欢这种制度，"该公司领导说，"大家都想留下，想要取得成功。"

由此看来，领导首先要做的就是确立企业发展目标，并让员工真正认同，然后引领员工向更高的目标奋进。

松下幸之助被日本人称为"经营之神"，他在经营企业的过程中不断地给员工制定宏伟的目标，让员工在工作中一直充满希望。在担任松下公司社长期间，他常与员工一起谈论公司或个人未来的发展。1955年，他提出了"五年计划"，即到1960年，公司效益要翻两番。在他看来，让员工充分了解公司的发展方向，能够让他们拥有更明确的奋斗目标，从而对未来充满期待。同时，他向员工承诺，如果这个目标能够实现，那么员工的收入也会有大幅度的增长。五年后，松下公司的"五年计划"胜利完成，他也兑现了给员工的承诺。自此，员工们斗志昂扬，和他共同建造出了一个"电器王国"。

员工如果没有一个远大的奋斗目标，那么就会像无头苍蝇一样乱撞；如果领导一开始就让他们怀有远大的目标，他们的干劲就会被激发。对管理者来说，要有雄心，而对员工来说，也应该有雄心，否则企业就不可能永葆生机。所以，让员工心中有宏愿，是领导需要做的一件重要事情。

# 一步一个脚印，走向大目标

古人言："凡事预则立，不预则废。"我们制定目标的过程就是为计划做准备的过程，制定目标时，要以最终目标为核心建立一个体系，即建立阶段性目标。

著名经济学家戴尔·麦康基指出："计划的制订比计划本身更为重要。"因此，在制定目标时，我们要尽可能详细地将其规划好，把目标拆分为不同阶段和步骤，认真执行，越详尽越好。正如哲人所说："要想取得成功，就要学会规划，你今天处在何地并不重要，你将迈向何处才最重要。"

知名投资人孙正义在 20 岁之前，就做好了自己未来几十年的事业规划：30 岁之前，在选择的职业领域扎下根；40 岁之前，挣到 1 亿美元的启动资金，将其投资于自己的事业并要取得成功；50 岁之前，从众多领域中选择一个合适的行业重点经营，并让自己的公司成为行业第一，公司要拥有十几亿美元的投资资金，成立上千家分公司；60 岁之前，将公司继续做大做强，营业额超过百亿美元；等到 60 岁时，就把公司交给接班人管理，自己退休，享受天伦之乐。

正是因为孙正义制定了清晰且详细的目标，他才可以一步一个脚印朝着目标努力，仅用十几年时间，就从一个身无长物的毛头小子成长为享誉全球的企业家。

所谓"志当存高远"，领导者需要根据企业的现状和市场的发展树立一个宏伟的总目标，总目标能够为员工指明前进的方向。只有总目标是不够的，它会使人感到虚幻和遥不可及，领导还要学会把总目标分解为多个小目标，通过小目标的实现激发员工的积极性，进而向总目标奋进。

什么叫划分总目标呢？比如，跑步时，如果没有目标距离和具体计划，往往缺乏动力，即使没跑多远，人也会感到异常疲劳。若是提前计算好距离，再将其分成小段，那么就会对自己的完成度有清晰的认知，每跑完一段就会明白自己离总目标更进一步，通过阶段性成功激励自己不断前进。将这种方法运用到企业管理上，如果领导让员工参与目标的制定，让大家清楚自己对于团队的贡献并定期将阶段性成果与员工分享，那么员工在工作上也会更有积极性。

日本战国时代政治家丰臣秀吉就非常善于通过划分目标来激发他人的积极性。有一年，丰臣秀吉居住的城市开始了修缮老城墙的工作，但是工程进度缓慢，该城的一位居民就请丰臣秀吉来帮忙。面对已经进行了一个月的工程，丰臣秀吉说："我担保，剩下的工作 3 天就可以完成。"

其实，丰臣秀吉并非信口开河，因为那一个月已经将修补工程完成了一大半，剩下的只要合理安排时间和分配人员，3 天是可以做完的。

丰臣秀吉将剩余的 100 个间隔的城墙平均分成 50 份，然后给每个工匠分配 1 份，要求他们在接下来的 3 天时间里，将自己负责的部分完成。

对工匠而言，他们的任务从 100 个间隔的城墙缩减到了 2 个。虽然之前大家一起工作，但听到还有 100 个间隔的城墙没修，就会感到厌烦，现在每个人任务量大幅度减少，工匠们当然更有干劲。最终，经过工匠们马不停蹄地赶工，城墙修补工作果然在 3 天内完成了。

制定或划分目标时，要注意目标与实际情况的距离，最好是中等难度。如果难度太大，容易打击员工的自信心；难度过小，又无法激发出员工的积极性和动力。因此，尽可能地使目标"跳一跳，够得着"，这样能最大限度地激发员工的工作热情，促进企业和个人的发展。

# 给员工一个明确的目标

领导就像一位统率千军万马的将军，军队不可群龙无首，同样，企业也不能没有领导。而带领千军和管理企业有共通点：都需要领导有运筹帷幄、决胜千里的谋略。一场仗怎么打，枪要往哪儿打，都需要将军下命令。领导员工也是如此，领导必须给员工一个明确的目标，目标明确了，员工也就能大胆向前冲刺了。

盛田昭夫是索尼公司的创始人之一，他在日本乃至全世界都享有盛誉。在盛田昭夫还是学生时，他听说有一个著名的电子厂专门建立了一个实验室，实验室不仅设备先进，而且工作环境也十分舒适，于是他期待着实验室的研究员们可以做出令人震惊的成果。但是结果很令人失望，那些研究员什么成果都没做出来。

毕业后，盛田昭夫创立了索尼公司，这时他明白了那个实验室为什么会一无所成，是因为它缺少一个明确的目标。盛田昭夫认为，做产品，不仅要有丰富的理论背景和前瞻性的研究理念，更重要的是要有一个集中全力追求的伟大目标。

在工作中，盛田昭夫引导员工将基础理论与实践应用二者融为一体，然后服务于产品的开发和实际应用。例如，在决定制造录音机时，公司很多员工对录音带的制造、录音机内部构造一无所知，甚至都不曾见过它们，这似乎是很荒唐的事情。但索尼公司的研发人员最后还是成功研制出了录音机。他们之所以能成功，就在于目标明确，所有的研发人员朝着这一目标努力，从每一个部件开始，认真研究，耐心开发，攻克了无数的难题，最终获得了成功。

在盛田昭夫看来，公司管理者要不断给员工制定目标，帮助其明确前进方向，这也是管理者的第一任务。当员工有了清晰的目标，并能时刻将目前的进度和所要达到的目标进行对照，清楚地知道自己行进的速度时，他们就可以持续保有动力，竭尽全力完成任务。

诚如一位成功学家所说："人的头脑具有一种像导弹一样的自动导航功能，一旦人有了明确清楚的目标后，头脑就会自动发挥它无限的能量，产生强大的推动力，并且能够不断地瞄准目标和修正我们的行为，自然地引导我们向目标方向前进。"

毋庸置疑，目标对于每一个组织是必不可少的。对一个刚入职的新员工来说，清晰而具体的目标可以让他们少走弯路。

而对有经验的老员工来说，清晰的目标可以成为他们制订工作计划、明确工作责任的基础。可见，为员工确立目标是十分重要的。

领导者在制定目标时，需要注意两个问题：一是不能好高骛远，如果制定的目标太过虚幻，不仅无法达到目的，还会挫伤员工的积极性，绝对不能盲目制定目标，要切合实际，符合公司发展状况，并有一定的成功把握；二是制定的目标要有超前性，这样公司才能处于行业领先水平，使公司持续健康发展。

# 帮员工制订职业规划

在一个企业中，人才是至关重要的，想要长久地留住如诸葛亮那样的人才，除了要让员工看到企业的未来，还需要让员工看到自己的未来。

豫让是春秋晋国的著名侠士，他最初效忠于范氏和中行氏，虽有青云之志，却未曾得到重用。后来智伯击败范氏和中行氏，豫让投入智伯门下为其效力，与范氏和中行氏不同的是，智伯非常赏识豫让，不仅用心栽培，还委以重任，为此豫让一直感激在心。智伯被赵襄子谋害后，虽然赵襄子有意拉拢豫让，但豫让并未投入赵襄子门下，而是隐姓埋名，伺机为智伯报仇雪恨，后刺杀失败，自尽而亡，忠义之心，名留史册。

范氏、中行氏和智伯，他们同为领导者，但对待人才的态度却不同。前两个未给豫让发展的平台，所以自然也得不到豫让的誓死效忠。而智伯给了豫让一个足够他发展的平台，所以豫让肯为智伯尽 100% 的能力，真正诠释了什么是"士为知己者死"。

豫让的故事很有启发性，非常适用于现代的公司管理当中，如果管理者可以为员工提供一个良好的发展平台，帮员工制订明确的的职业规划，那么即使公司有某方面的不足，员工也会与公司同甘共苦，尽心尽力地工作，而不会轻易跳槽。说到底，员工的这种忠诚就来自他们的主人翁意识，明确的职业规划，相当于许给了他们一个未来，当公司的未来与员工的未来息息相关时，员工的流动量自然能够减少。

举例来说，美国的惠普集团在这方面就做得很好。

惠普是一家世界大公司，不仅在世界各地设有分公司，而且科技产品多种多样，惠普笔记本更是热销全世界。惠普的成功与公司内部的优秀的科技人才密不可分，正因为有了这些人才，惠普才得以在竞争如此激烈的大环境下得以生存和发展。所以，对惠普来说，这些人才就是企业的最大财富。

惠普是如何留住这些优秀的科技人才的呢？优厚的物质待遇是一方面，关键还在于惠普为员工制订了非常有针对性的职业发展计划，为他们提供了良好的发展机会和成长的平台。不得不说，这对员工来说是很重要的，所以，惠普的高科技人才源源不断，成为惠普发展的中坚力量。

具体来看惠普的做法，在一个惠普的分公司设有专门的员工培训课程，内容包括职业发展和自我管理两方面。第一步，会通过一些测试手段来让参加的员工根据自己的特点做出自我评估，然后结合员工的自我评估和具体的工作环境，公司会针对性地为员工制订出职业发展计划，让员工能清楚地知道自己的努力方向和发展目标。

惠普的这种做法并不是摆摆样子，正是通过这种方式，惠普将人员流动的可能降到了最低，也由此进一步稳固了公司的发展。事实上，对员工进行培训，让员工有明确的职业规划，对公司和员工来说都有益处，这是一个双赢的结果。

从公司角度来看，因为员工的职业发展规划肯定与公司发展紧密联系，不会脱离公司的长远目标，所以自然离职的可能性也就越小。而且，通过为员工制订职业发展计划，能有效激励员工，让员工有更高的工作热情，从而带动公司的运作。此外，管理者通过为员工制订职业发展计划，能够拉近管理者和员工之间的距离，有利于员工重新认识管理者和自己之间的关系。从员工角度来看，员工的知识和能力得到了提升，实现了自我成长，未来发展也会更加清晰，对个人事业是大有裨益的。

帮员工制定个人职业发展规划，管理者责无旁贷，可以说，管理者实际上起到的是纽带的作用，要考虑公司的发展，也要考虑员工个人的发展，要思考如何让员工的职业发展规划与公司的发展紧密联系。具体来看，作为管理者，要客观地对员工进行评价，让员工对自己有正确的认识。要耐心地接受员工的咨询，给员工提供好的建议。要指导员工，帮助员工尽快成长起来。

管理者一定要认识到帮员工制订职业规划的重要性，虽然管理者并不是职业规划的专家，但至少可以为员工提供一些指导和帮助。具体来看，管理者可以通过以下几方面来实施。

### 1. 为员工建立信息通道

现代社会，每天都有新的变化，面对日新月异的大环境，想要发展就离不开最新的信息。因此，管理者要让员工关注最新的职业信息，帮员工抓住发展的契机。具体来看，在一个大公司内，部门繁多，很多时候员工并不能掌握第一手信息，如公司高管的职位变动、职位空缺、培训计划等消息，此时就需要管理者适时为员工更新公司内部和行业的最新信息，为员工建立良好的信息通道，让员工能够有针对性地制定自己的职业发展计划。

### 2. 多方面地了解员工

只有充分地了解员工，才能结合员工的个人特点，帮助其制订与其相匹配的职业发展规划。哈佛的 MBA 课程中就包括掌握员工信息一项，可见在管理中了解员工是不能忽视的一项重要内容。具体来看，管理者可以适当组织一些活动，与员工多交流互动，了解员工的家庭情况、生活方式，以及个人兴趣及价值观，等等。此外，管理者也可以通过员工的自我评估来了解员工，通过员工的自我评估，管理者能够对员工有更深的认识。

在充分了解员工的情况以后，管理者就能够根据员工的特点和需求为其制定发展方向了，比如，薪酬方面的期望，工作的努力方向，个人的提升计划，对职位的要求，等等。

### 3. 注重阶段性考核

有些员工工作懒散，没有目标，针对这种情况，管理者就需要让其意识到自我规划的重要性。具体来看，管理者可以通过阶段性考核来带动员工的积极性，如与员工薪酬密不可分的绩效考核制度就是非常好的一种方式，通过绩效考核，让员工看到其他人的努力，以及自己的不足，引导员工及时调整工作状态，逐渐建立起职业管理意识。

管理者要明白，想要员工跑起来，就不能只从公司的利益来思考问题，也要站在员工的角度来考虑，了解员工要什么，关注员工的未来，为员工制订利于他的职业发展规划，由此，既能帮助员工实现自我价值，又能促进公司的发展，一举两得。

第七章

# 多些人情味，让员工心甘情愿"卖命"

◆ 感情投资，永不过时

◆ 将心比心地关怀员工

◆ 让员工感到被需要和被尊重

◆ 多些人情味，少些压榨

◆ 不搞特殊化，和员工打成一片

# 感情投资，永不过时

在管理工作中，感情投资是指管理者通过表达其真挚感情，增强上下级之间的思想沟通和感情联系，使工作氛围更加融洽，从而更好地管理员工，让员工真正做到自觉自发地为企业工作。

从某种意义上说，感情投资的激励作用比物质奖励的作用更大。管理者不难发现，物质奖励有一定的局限性，而感情上的投入和所得到的回报是发自内心的，是真诚的，也是无限的。

在日本，许多管理者都十分重视感情投资，他们主张给予员工"家庭式"的情感抚慰。正如日本企业家岛川三部所说："我的企业管理之所以如此成功，是因为我把工作家庭化和娱乐化。"盛田昭夫也说："一个日本公司最重要的事情是让公司与员工之间保持着亲密的关系，让员工感觉公司就像自己的家一样，即管理者和员工同甘苦、共命运。"

这些企业家都懂得恩威并用的道理。一方面，他们严格执行管理制度；另一方面，又真心实意地善待员工，关心体贴员工的生活。例如，为员工提供生日福利，对员工的家庭生活给予特别关心等。这种关心和善待不仅针对员工本人，还经常惠及员工的家属。让企业的关怀惠及员工的家庭成员，可以最大限度地避免员工因为家庭琐事而影响工作。

日本三得利株式会社的创始人鸟井信治郎对员工要求十分严格，员工都十分敬畏他，但在工作之外，他对员工关怀备至，就如同一个和蔼可亲的老父亲。一天，鸟井信治郎偶然听到员工抱怨："我们的房间里有臭虫，害得我们睡不好！"于是半夜里，等店里的员工都睡着后，他点燃蜡烛，捕捉隐藏在房间柜子里和柱子的裂缝间的臭虫。员工的直系亲属病逝后，他带着公司同事前去致意，并亲自在签到处向前来拜祭的人一一磕头。事后这名员工回忆说："我被社长的行为感动了，从那一刻起，我就暗下决心，会为公司赴汤蹈火，万死不辞。"

像这样的例子不胜枚举，某知名企业家曾说："我这一生都把赌注放在下属身上，你越善待员工，员工就越会勤奋工作。其实，我并不是为了达到什么目的而这么做，但事情的结果往往出人意料。"事实正是这样，管理者对员工的感情投资，可以有效地激发员工潜在的能力，使员工产生强大的使命感与责任感。得到恩惠的员工会发自肺腑地感激管理者，会知恩图报，从而更加尽心尽力地为公司工作。

　　管理者对员工的感情投资，会使员工感觉自己受到重视。在工作中，员工都希望得到上级的欣赏和赞许，而不希望被上级忽视，更不希望有一天会被扫地出门。假如能够得到上级的重视，员工就会受到鼓舞，会更加积极主动地贡献自己的力量与智慧。

　　管理者对员工的感情投资，可以让员工充分发挥自己的创新能力和增强开拓意识，鼓足勇气，锐意进取。员工需要一定条件才能发挥出创新能力，员工内心有顾虑是难以创新的，他们会墨守成规，只求事情能够平稳发展，做好分内的工作。如果管理者能够做好对员工的感情投资，让员工与自己更加亲密，就会消除员工心里的种种顾虑，使其放心大胆地发挥全部实力。

　　管理者用感情投资之策"攻克"的员工，可以说是你日后最可倚重的员工。不管是顺境还是逆境，他们都会对你忠心耿耿，会与你一起将公司一步步发展壮大。

# 将心比心地关怀员工

人类有一个共同的特征，那就是注重感情，只要愿意付出真心，那么很多时候也会得到真心。所以，管理者千万不能忽略情感的作用，要将心比心地去关怀员工，这样员工才能将公司当家，在工作中也能体会到不一样的温暖。当管理者对员工掏心掏肺时，员工也会感受到这种真情，进而为公司赴汤蹈火。

福建九牧王服装公司的老总林聪颖，最开始做粮食生意时遭人欺骗，就连工人的工资都发不出来。那天是 1984 年 12 月 31 日，第二天就是元旦，面对等待着发工资的员工，林聪颖满心愧疚，因为他身上就只剩下 300 多元钱。他无可奈何，但又不得不和员工们说实话，他告诉员工："咱们今年的生意亏了，我实在没钱发给大家工资，只有这 300 元钱大家先拿去用着，等过了节我一定尽快补上。"

然而，员工们没有一个去接他的钱，他们异口同声地说："林老板，我们相信你的为人！"当时，林聪颖被深深的感动了，眼泪止不住地流。

林聪颖之所以能得到员工们的信任，是因为他一直以来都将员工们放在心上。从创业之初起，林聪颖就特别关心员工：检查员工宿舍，发现有的宿舍没有电视，马上就派人添置；虽然宿舍到工厂距离很近，走路也就 10 分钟，但林聪颖还是贴心地为员工们安排了通勤车，寒来暑往，每天接送员工。面对其他人的询问，他说："天这么热，怎么能让我的员工在烈日的暴晒下走着去上班呢？"

正是这种将心比心的关怀，赢得了员工们时林聪颖的由衷拥护和爱戴。也正因如此，在林聪颖事业陷入窘境的时候，员工们能够理解他、支持他，并且一如既往地跟随他。

经过十几年的努力，林聪颖最终建立了资产过亿、员工上千人的九牧王服饰发展有限公司。

如果每一个管理者都能够真心地为员工着想，多方面地去关心员工，那么员工自然会感动，也会知恩图报，乐意为公司竭尽心力，与公司风雨同舟。

那么，管理者应该从哪些方面去表达对员工的关怀呢？下面是几个重要的细节，可以作为参考。

## 1. 记住员工的生日

生日对每个人来说都意义重大，如果能在生日这天送上祝福，那么必然能感动人心。管理者可以在员工生日那天送上祝福，让员工有一个难忘的印象。

给员工庆祝生日，可以送人红包，定个蛋糕，请吃顿饭，或送些鲜花，效果都很好。如果环境合适，也可以适当地夸赞一下员工近日的工作表现，让员工感受到你对他的关注，受到器重的员工工作热情自然也高。

### 2. 探望生病的员工

人在生病时，往往更期望得到他人的关心，此时如果管理者能够抽出时间表示慰问，那么必然能在员工心中留下好印象。

有些管理者对这种"小事"很不重视，但员工却是在意的，会猜想管理者是否会来看望自己，并以此来判断管理者对自己的重视程度。所以，有时候表达关心是必不可少的，千万不要寒了员工的心，尤其是器重的员工，更应该多给予关心。

### 3. 抓住欢迎或送别的机会表达对员工的肯定

有些管理者会认为：员工流动是最寻常不过的事情，所以对新来的员工和离开的员工往往不会有过多的关心，这种想法其实很不可取。

当员工来报到上班的第一天，作为管理者一定要表示欢迎，可以说："欢迎你加入我们的团队，听说你销售能力很强，以后多多指教！"也可以说："欢迎，大家都很欢迎你与我们同甘共苦。办公用品都给你准备齐全了，你看看还需要什么尽管提出来。"

要充分表达对员工到来的欢迎态度，不要忽视了员工的感情。员工离开也是一样，彼此相处已久，即使是普通上下级关系，也应该有所表示。可以表达对其以往工作的肯定，以及对未来的祝愿，总之，要让员工内心温暖地离开。

其实，送别是很重要的，因为没走的员工也会关注管理者的态度，如果管理者表现的冷漠刻薄，不近人情，那么其他员工内心也会感到心寒。如果管理者表现得大度诚恳，那么自然会在员工心中加分。

管理的根本是管心而不仅仅是管人，管人可以靠制度，但管心就会以心换心。如果公司管理者能从繁重的工作中抽出点时间去关心员工的生活，那么自然能走进员工的心里，成为受员工爱戴的优秀管理者。

# 让员工感到被需要和被尊重

每一个人都希望得到他人的尊重，尤其在工作中，领导的态度直接影响员工的工作态度。倘若领导者能站在员工的角度考虑问题，顾及员工的感受，那么就称得上是一个有素养的领导者。

松下幸之助有一次在一家餐厅招待客人，所有人都要了牛排。等客人们用完餐后，松下幸之助喊来助手，让他把煎牛排的厨师请过来，并嘱咐道："不要找经理，找主厨。"助手注意到，松下幸之助的牛排只吃了一半，心想主厨肯定要挨训了。

主厨来时很紧张，因为他知道这个客人是著名企业家。"是不是牛排有什么问题？"主厨礼貌地询问。"你煎牛排的技术非常精湛，"松下幸之助赞扬地说，"我已经尽我所能吃了一半，但另一半我实在吃不完了。原因不在于你的厨艺，牛排真的很好吃，你是位非常出色的厨师，但我已80岁了，胃口没有以前好了。"

对此，其他几位客人和主厨都大为不解。

"我之所以当面告诉你，是因为我担心，当你看到只吃了一半的牛排被送回厨房时，多少会感到伤心。"松下幸之助继续说道。

如果你是那位主厨，听到松下幸之助的解释，会有什么感受？是不是觉得倍受尊重？一旁的客人也都明白了松下幸之助的用意，对他的人品大加赞赏，更加愿意和他合作了。

尊重是相互的，尊重他人，亦是尊重自己，一个懂得尊重员工的领导不仅能得到员工的爱戴，还能获得合作伙伴的认可和赞许。所以，无论从哪方面来说，学会尊重他人对领导都是有利的。

弗兰克·康塞汀是美国国家罐头食品有限公司的总裁，他管理的这家公司赫赫有名。他的管理诀窍是什么呢？答案就在下面这两句话中。

"我要使我的下级有这样一个信念，就是为他们所做的工作感到自豪，就算这工作是擦地板。"

"让员工为自己的工作感到自豪，这比给他们优厚的奖金要好得多……"

公司规模在不断扩大，员工也越来越多，弗兰克·康塞汀高兴之余，也表示遗憾，因为他没有足够时间同每个人进行交谈，这意味着他不能亲自鼓励那些员工了。他找来管理人员，对他们说："把员工安排在他所匹配的职位上是管理者的职责，假如管理者知人善任，员工在心理上就会感到满足，这种满足是他们在所不能胜任的职位上得不到的。"

一些管理人员抱怨："我们的工作已经很多了，根本无暇顾及那么多员工的想法。"

"那你们就错了。我们对员工的关注花费并不大，员工的忠诚却可以为公司创造更多的利益。你们的工作之一就是把人性的优点运用到同员工打交道的日常事务中去。"

弗兰克·康塞汀常常说："我们公司也许不会成为同行业中规模最大的，但只要我们做到对待顾客、供应者和职员保持初心，那就已经做得很好了。"

弗兰克·康塞汀的继任者——罗伯特·斯图尔特在公司经营中也一直坚持以人为中心的管理方式，并保持了深入工厂访问的传统。每年他都会去考察公司的工厂，并约谈员工。值勤人员值夜班时，经常能在公司看到罗伯特·斯图尔特的身影，原来他是来与上第三班的员工交谈的。

管理者在管理企业的过程中，要加强与员工的交流，利用温和的沟通方式了解并帮助员工实现心理愿望。企业不仅是管理者的，更是每一位员工的。让员工感受到被尊重和被需要，让他们产生自信心，这种管理方法，必定能让管理者与员工实现友好合作，从而促进企业发展。

# 多些人情味，少些压榨

过去，存在着奴隶主与奴隶，他们就是压榨与被压榨的关系，现在，大部分对管理者不满的员工都把管理者比作奴隶主。为什么会这样呢？其实，是管理者的管理方式出现了问题：为了提高企业效益，让员工彻夜加班，压榨员工的休息时间。这怎能不令员工心生怨念呢？

事实上，这种做法是得不偿失的，不但不会使企业效益得到很大的提升，反而降低了员工对公司的忠诚度。当员工被迫超时工作时，他所创造的工作效益就会大打折扣。

可见，管理者不要把员工当作奴隶对待，更不要把员工当工作的机器，总想着让员工 24 小时不停运转，从而获得更多的利益。如果这样，企业的损失会更大，因为在无情压榨下，员工终有一天会选择离开。

某公司的管理者只注重数据，即员工的业绩，其他都置之不理。就如他所说，只有数据是实实在在的，一切过程都无关紧要。他规定：员工自愿加班的不给加班费；工作不能按时完成的，根据情况扣除部分工资；公司要求全体员工加班时，禁止请假，不然按旷工处理……

这些措施让员工苦不堪言。公司里自愿加班的员工数不胜数，因为管理者每日规定的工作量，即使是能力强的员工也需要加班才能完成。月底结算工资的时候，勉强完成工作量的人可以领到应得的工资，而没有完成工作量的人只能领到一半工资，这大大影响了员工的工作热情。该管理者对员工的压榨还不止如此，每次法定节假日，总是让员工把工作带回家完成，严重侵犯了员工休息休假的权益。

在如此大的工作量之下，完成工作已经让人筋疲力尽了，还要拿出本该休息的时间去加班，大部分员工对此怨声载道。然而，这位管理者好像并不怕员工辞职，按照他的想法，求职的人到处都是，随便都能招到。因此，在这家公司看不到老员工，多数员工只干三个月就辞职了。最终，这家公司破产了。

员工不是没有生命的机器，只要按一下按钮，就能不停地工作。身为管理者，不要把自己变成众矢之的，成为压榨员工的奴隶主，员工一旦有所反抗，一切都晚了。

某企业的员工工作得很轻松，却为企业带来了巨大的收益。这家企业的管理者认为，看到员工埋头苦干并不能说明他就是在做有价值的工作，看到员工休息也不能说明他是在消磨时间。工作效率与时间的利用并不总是呈正比的，有的员工用时短但效率高，有的员工用时长但效率低。所以，加班并不是提高工作效率的最好方法，而且还会激起员工的负面情绪。

这家企业就不提倡员工加班，但是，当团队遇到紧急情况时，员工都心甘情愿地加班。对员工而言，这不是单纯意义上的加班，而是他们和公司一起渡过难关应尽的义务，他们认为这样的加班是理所应当的。

结果证明，这家企业的管理者是正确的。就算不让员工加班，员工也能把工作完成得又快又好。企业利润逐年增加。

对比上面两家公司的管理理念，可以看出：压榨员工并不可取。企业管理者应该学习第二家企业的做法，给员工营造一个轻松、愉快的工作氛围，这样做不但不会让员工懈怠工作，反而可以增强他们的斗志，让他们工作得更积极。

这就是所谓的"以心换心"。员工都喜欢人性化的管理，只有这样的工作氛围，才能长久地留住人才，并获得长足的发展。管理者关心员工，员工回馈企业，这样就形成了一个良性循环，对企业管理来说，有利无弊。

# 不搞特殊化，和员工打成一片

如果企业不想让人员流失，管理者可以尝试与员工平等相处，除了维持正常的上下级关系，还可以与员工做朋友。在工作之外，管理者要主动关心员工，与员工分享喜悦。只有与员工融洽地相处，抱成一团，才能使管理行之有效。而与员工打成一片最简单的方法就是实行平等管理。

员工频繁离职除了会导致人才流失，还有可能造成公司的技术外泄，这种损失往往是不可估量的。所以，留住人才对企业来说至关重要。那么，什么因素会导致员工离职呢？其中很重要的一点就是感受不到被平等对待。

所谓平等，不仅是指管理者要一视同仁，使同岗位的员工们待遇相同，还是指管理者与员工要保持人格上的平等。管理者应该摒弃高高在上的优越感，不要将权力看作高人一等的筹码，而漠视员工。

现在，很多企业已经取消了管理者的专用餐厅、专用洗手间、专用车辆等，甚至有些管理者在上班时间穿上了和员工同样的工作服。总之，很多管理者都取消了他们的特权，以普通人的身份走向员工，与员工们亲密相处，从而激发了员工的工作热情，打消了他们跳槽的想法，让员工感受到了安全感、认同感和归属感。在轻松的氛围下工作，员工的创造力和积极性得到最大限度的发挥。

在有些企业中，平等意识还没有受到重视，管理者作威作福，总是以指挥者的形象出现在员工面前，"脸难看，话难听"，往往伤害了员工的自尊心，打击了他们工作的积极性，造成企业整体不协调，阻碍了企业的进步。

作为管理者，一定要明白下面的道理。

第一，企业管理的对象是人，管理者同样也是人，不能抬高自己贬低他人，让人无法接近。管理者与员工虽然在职位上有高低之分，但在人格上是平等的，都应该受到尊重。

第二，对待员工要平等，即面对不同岗位的员工，都要表现出和蔼可亲的态度。诚然，每个公司里，管理者身边都或多或少有几个十分受器重的员工，对待他们，管理者可能会不自觉地表现出热情，而对待其他员工则态度冷漠，这样就很容易让其他员工寒心。关于这一点，管理者需要在实际工作中多加注意，规范自身行为。

有些管理者，看到员工犯了错误，或自己在别处受了气，就朝员工发脾气，拍桌子，怒目而视，使员工畏惧不已。管理者的这种行为不但会使自己威信扫地，还会严重伤害和侮辱员工的自尊心和人格，从而影响团队的向心力和友好氛围，是极其愚昧的做法。

管理者应该把员工当作自己的家人，把关爱真正送到每个员工的内心深处。当员工生病住院时，送上一束鲜花；当员工生日时，为他热烈庆贺。管理者如果抽不出时间，让助手代劳，效果是一样的。之所以这样做，是让员工深切地体会到管理者对自己的关心，使他感到自己是公司大家庭中的一员。这样，他们不但会把公司的事情看成分内的事，自然而然地担起责任，而且会对管理者产生敬仰之情，从而上下一心，营造亲如一家的团队氛围。